BLV Heimtierführer

Dr. Rolf Spangenberg

Katzen

Haltung, Pflege, Rassen

BLV

Die Deutsche Bibliothek –
CIP- Einheitsaufnahme

Katzen: Haltung, Pflege, Rassen/
Rolf Spangenberg. –
München; Wien; Zürich: BLV, 1991
(BLV Heimtierführer; 853)
ISBN 3-405-13853-1
NE: Spangenberg, Rolf; GT

Bildnachweis

Angermayer: 15
Bacchella: 17, 42, 60, 78, 80, 83, 101 u
Bender: 40, 47, 57, 59, 69, 76, 88, 96, 102
Grossmann: 98, 115
Niehoff: 22 l, 25, 32
Paysan: 8
Reinhard: 2, 6, 14, 18, 20, 21 l, 21 r, 23 r, 24, 27, 28 o, 29, 30, 33, 39, 43, 50, 51, 53, 54, 58, 72, 74/75, 79, 84, 85, 87, 90/91, 92, 93, 95, 104, 109, 110, 111, 116, 117, 120/121
Reinhard/Angermayer: 12, 89, 124
SETUNA/Christ, Hattersheim: 28 u
Skogstad: 1, 22 r, 23 l, 35, 36, 37, 44/45 (alle), 81, 94, 101 o, 101 M, 101/102, 113
Spangenberg: 73 o, 73 u
Tamma: 107
Ziesler/Angermayer: 9

Grafiken: Barbara von Damnitz
Umschlagfoto vorn: Tierfoto Reinhard
Umschlagfoto hinten: Karin Skogstad

BLV Verlagsgesellschaft mbH,
München Wien Zürich
8000 München 40

BLV Heimtierführer 853

Lektorat: Dr. Friedrich Kögel
Herstellung: Sylvia Hoffmann

Druck: Appl, Wemding
Bindung: Bückers, Anzing

Printed in Germany · ISBN 3-405-13853-1

Inhalt

So kam die Katze auf den Menschen

Abstammung und Haustierwerdung der Katze

Es wäre sonderbar, wenn über die Abstammung unserer Hauskatzen völlige Klarheit bestünde! Wo es so viele Rätsel gibt, wird sich auch die Herkunft im Dunkel der Geschichte verlieren. Fragen Sie in einer geeigneten Stunde doch einfach Ihre Katze, woher sie denn kommt. Wetten, das Tier wird Sie mit seinen unergründlichen Augen gelangweilt – vielleicht sogar etwas amüsiert – anschauen und wahrscheinlich kurz mit der Schwanzspitze zucken.

Damit ist eigentlich alles gesagt: »Ich bin hier, meine Herkunft geht Dich nichts an, nun gib Frieden und genieße meine Anwesenheit.«

Wer aber mehr wissen möchte, hier das Ergebnis des Forscherfleißes: Als Ahnen unserer Hauskatze kommen mindestens zwei wilde Kleinkatzen in Frage. Da ist einmal die Europäische Wildkatze (*Felis silvestris silvestris*), ein in unseren Wäldern leider sehr selten gewordenes Tier. Diese Wildkatzen sind extrem scheue Gesellen. Sogar von Hand aufgezogene Jungtiere lassen sich kaum an Menschen gewöhnen. Dann die afrikanische Falbkatze (*Felis silvestris libyca*), die wesentlich umgänglicher ist. Sie hält sich in der Nähe menschlicher Siedlungen auf, und selbst erwachsene Wildfänge sind mit Geduld zu zähmen.

Hauskatze auf dem Bauernhof – Ideal der Katzenhaltung?

Wenn eine Europäische Wildkatze neben einer Hauskatze sitzt, fallen die Unterschiede im Körperbau deutlich ins Auge. Die Wildkatze ist gedrungener und kräftiger, ihr Schwanz kürzer und dicker. Schwieriger wird es aber, wenn Sie Einzeltiere beurteilen sollen. Womöglich läuft Ihnen ein kapitaler wildfarbener Hauskater über den Weg und danach eine heruntergekommene, zierliche weibliche Wildkatze – da werden selbst erfahrene Jäger unsicher! Die Falbkatze sieht ohnehin hauskatzenähnlich aus.

Klar gesagt: Die körperlichen Unterschiede sind nicht so markant, daß man sie als deutliches Unterscheidungsmerkmal und Hinweis

Falbkatze – Urahn unserer Hauskatze.

auf die Abstammung benutzen könnte. Unsere Hauskatze hat sich im Aussehen viele Wildtiereigenschaften bewahrt, Extremzüchtungen sind erfreulicherweise noch selten. Kompliziert wird alles durch die Tatsache, daß sich die genannten drei Katzen-Unterarten relativ problemlos miteinander kreuzen lassen. Schon manche brave Bauernkatze ist bei einem Ausflug in die Wälder dem derben Charme eines Wildkaters (»Kuder« nennt ihn der Jäger) erlegen. Hinterher wunderte man sich, wieso die kleinen Kätzchen aus dem folgenden Wurf so scheu und kratzbürstig waren!
Und das ist der Punkt: Kreuzungen von Haus- und Wildkatze gleichen charakterlich noch dem wilden Elternteil. Dagegen sind Falbkatzen und vor allem ihre Kreuzungen mit Hauskatzen wesentlich umgänglicher und schnell an den Menschen zu gewöhnen. Das spricht also für die Falbkatze als Urahne.
Auch sprachlich deutet manches auf Afrika. Unser Wort »Katze«, das englische »cat«, französische »chat«, spanische »gato« und türkische »kedi« klingen ähnlich wie das nubische Wort »kadiz«.
Der deutlichste Hinweis auf die Falbkatze als Vorfahr unserer Hauskatze ergibt sich aber wohl aus dem Ursprung der Haustierwerdung (Domestikation). Das geschah mit ziemlicher Sicherheit in Ägypten, und zwar vor etwa fünftausend Jahren. Aus dieser Zeit fand man nämlich die ersten

Wildkatze auf der Pirsch.

bildlichen Darstellungen offenbar zahmer Kleinkatzen.

Eine immer wieder gern angeführte Theorie besagt, daß sich die Katze seinerzeit selber zum Haustier gemacht hat, also weitgehend ohne die Einwirkung des Menschen. Die alten Ägypter bauten Korn an und lagerten es in großen Mengen. Das lockte Ratten und Mäuse an, die man praktisch nicht bekämpfen konnte. Den Nagern folgten deren natürliche Feinde, die wilden Falbkatzen. Diesen offensichtlichen Nutzen erkannten die tierverständigen Ägypter schnell, sie hegten und pflegten die Katzen. So kam es mit Billigung der Katzen zu einer immer enger werdenden Bindung an den Menschen.

Lassen Sie sich diesen Gedankengang einmal kurz durch den Kopf gehen: In der Verfolgung eigener Ziele brachte die Katze dem Menschen Nutzen und duldete gelassen dessen Pflege und Huldigung. Wäre es nicht möglich, daß auch unsere Hauskatzen noch aus dieser jahrtausendealten Geschichte einen Teil ihres unübersehbaren Hochmutes dem Menschen gegenüber schöpfen? Angeblich erzählt man sich in Katzenkreisen, wie es dazu kam, den unberechenbaren Menschen zu zähmen, ja zu beherrschen.

Wie die Katze sich über die ganze Welt verbreitete, läßt sich recht genau verfolgen. Ausgangspunkt war mit sehr großer Sicherheit Ägypten. Dessen Bewohner schätzten dieses Tier so hoch ein, daß sie für Katzen eine Art Exportverbot verhängten. Nun haben Verbote bei Katzen noch nie viel gebracht, und der Siegeszug dieses schönen und nützlichen Geschöpfes über die Welt ließ sich nicht lange aufhalten.

Etwa vor 2500 Jahren tauchten die ersten Katzenbildnisse oder -figuren in Griechenland auf. Zur Nagetierbekämpfung hielt man dort, wie bei den Römern, allerdings zahme Marder. Die Katze war eine Art Exote, etwas Besonderes.

Dann waren es jedoch die Römer, die für die Verbreitung der Katze in Nordeuropa sorgten. Man darf es sich nicht so vorstellen, daß wilde oder halbwilde Katzen den Menschen folgten. Diese klugen Tiere reisten damals wie heute gerne bequem, z. B. an Bord von Schiffen. Dort machten sie sich durch die Rattenvertilgung nützlich und wurden von den Seeleuten verwöhnt. Auf diese Weise eroberten sie friedlich Asien und überhaupt die ganze bewohnte Welt. Es sei nicht verschwiegen, daß ausgerissene Schiffskatzen auf entlegenen Inseln eine schlimme Bedrohung der einheimischen Kleintierwelt darstellen.

Lernen bis ans Lebensende

Die natürliche Entwicklung der Katze

Alle Katzen müssen viel lernen, um den Anforderungen des Lebenskampfes gewachsen zu sein. Dabei helfen ihnen das hochentwickelte Gehirn und die scharfen Sinne. Allerdings ist nichts fertig, wenn ein Kätzchen auf die Welt kommt. Die Sinne und Fähigkeiten entwickeln sich in einer bestimmten Reihenfolge.

Schon im Mutterleib, beim 24 Tage alten Embryo, können die kleinen Wesen tasten und damit ihre erste Umgebung erkunden. Die Orientierung, wo sich oben und unten befindet, ist bereits vor der Geburt, etwa ab dem 54. Tag nach der Empfängnis möglich. Das sind die Anfänge des Stell-Reflexes, der die Katze später immer wieder auf die Füße fallen läßt.

Die Tragezeit dauert normalerweise 63 Tage. Wenn sich die Geburt verzögert, sollte die Scham untersucht werden. Findet man hier einen übelriechenden Ausfluß, so muß das Tier sofort zum Tierarzt. Das ist ebenfalls erforderlich, wenn die Mutterkatze deutliche Krankheitserscheinungen zeigt (z. B. Appetitverlust, trübe Augen, herabgesetzte Anteilnahme an der Umgebung). Meist kann ein schnell durchgeführter Kaiserschnitt noch Mutter und einige Kätzchen retten.

Junge Katzen sind unmittelbar nach der Geburt noch völlig auf ihre Mutter angewiesen. Sie werden bekanntlich mit geschlossenen Augen geboren, können also nicht sehen und kaum etwas hören. Gut entwickelt ist allerdings der Tastsinn: Sie unterscheiden Wärme und Kälte, oben und unten (Stell-Reflex) und orientieren sich vorwiegend mit dem Geruchssinn. Am vertrauten Geruch erkennen sie die Mama und an ihr die milchspendende Zitze. Außerdem kuscheln sie sich an deren warmes Fell. Ihr Leben besteht zunächst nur aus Saugen und Ruhen. Bei räumlicher Trennung von der Mutterkatze streben sie wimmernd wieder zu ihr hin.

Ab dem fünften Lebenstag beobachtet man, wie die Tierchen erstmals auf Geräusche reagieren. Ab der zweiten Woche können sie die Schallquelle orten, sie wenden

sich dorthin. Beim vierwöchigen Kätzchen ist der Hörsinn dann gut entwickelt. Er wird später bei der Jagd ja eine sehr bedeutende Rolle spielen.
Für das Saugen an der richtigen Stelle ist der Geruchssinn entscheidend wichtig. Schon nach drei Wochen können die Kätzchen fast so gut riechen wie erwachsene Tiere. Allerdings muß noch die Erfahrung dazukommen. Der Geruchssinn der Katze wurde lange unterschätzt, er stand sozusagen im Schatten der Hundenase. Katzen riechen aber ausgezeichnet; wahrscheinlich beruhen die erstaunlichen Heimfindeleistungen der Katze hauptsächlich auf ihrem hochentwickelten Geruchssinn.
Die bei der Geburt noch geschlossenen Augen öffnen sich normalerweise nach sieben bis zehn Tagen. Eine große Schwankungsbreite ist nicht ungewöhnlich. Die Öffnung wurde schon nach zwei oder erst nach 16 Tagen beobachtet. Mit geöffneten Augen können die Kätzchen aber keinesfalls sofort gut sehen. Erst langsam lernen sie, ihre Umwelt zu erkennen. Zwischen dem 15. und 25. Tag beginnt das Tierchen, sein Sehvermögen zur Orientierung zu verwenden. Es erkennt die Mutterkatze, folgt den Geschwistern oder geht ihnen aus dem Wege. Doch erst ab dem 25. Tag setzt es die Pfötchen unter Sichtkontrolle und umgeht Hindernisse.
Diese relativ langsame Entwicklung hängt damit zusammen, daß die Kätzchen zunächst nur sehr unscharf sehen können. Erst mit

Augen noch geschlossen – die Mama sorgt für alles!

fünf Wochen wird die Augenflüssigkeit klar, vorher erblicken sie alles wie durch einen Schleier. Die Sehschärfe steigert sich zwischen der zweiten und zehnten Woche um das 16fache. Sie verbessert sich auch später noch ständig bis zum vierten Lebensmonat. Dann ist das Sehvermögen voll ausgebildet; ständiges Üben macht das tapsige Kätzchen langsam zum geschickten Jäger.

Neugeborene Katzen können ihre Körpertemperatur noch nicht ausreichend regulieren. Ohne Mutter und Geschwister kühlen sie sehr schnell aus. Sie suchen von Anfang an Wärmezonen. Erst mit sieben Wochen sind sie in der Lage, ihre Körpertemperatur so zuverlässig aufrechtzuerhalten, wie man es von einem warmblütigen Tier erwartet. Das geht natürlich auch Hand in Hand mit der Entwicklung des Fellkleides.

Die körperliche Gewandtheit und Geschicklichkeit, die wir an Katzen so bewundern, entwickelt sich zunächst sehr langsam. Zwei Wochen lang sind die Neugeborenen praktisch unbeweglich. Allenfalls bewegen sie sich mit langsamen, rudernden Beinbewegungen wie ausgekühlte Lurche. Immerhin sind sie schon in der Lage, wieder ins Nest zu kriechen, wenn sie – etwa an der Mutter saugend – ein wenig herausgeschleppt wurden. Dabei ist das Prinzip einfach; sie kriechen wimmernd spiralenförmig um das Nest herum, bis der vertraute Ruheplatz wieder erreicht ist. Mit etwa vier Wochen machen sie dann schon kleine Ausflüge, und ab der fünften Woche wird bereits gerannt.

Dann lernen sie schnell, von Tag zu Tag. Mit 10 bis 11 Wochen können sie bereits alles, was eine erwachsene Katze beherrscht – können es aber verständlicherweise noch nicht geschickt einsetzen. Das ist das Alter, in dem die Kätzchen ihren größten Charme entfalten. Es gibt wohl kaum ein Geschöpf im Tierreich, dem in dieser Altersstufe so die Herzen zufliegen. Nur die Mutterkatze, die läßt sich wenig beeindrucken. Die Familienbande werden dünner, und das Idyll bricht in dieser Zeit meist unter Fauchen und Zischen auseinander. So herzlich die Kätzin auch zu ihren Jungen war – irgendwann ist Schluß, und das macht sie ihnen unmißverständlich klar. Auch daran sehen wir wieder, daß Katzen unsentimentale Geschöpfe sind.

Das soziale Verhalten der Kätzchen entwickelt sich langsam. In den ersten drei Lebenswochen sind die Kleinen völlig von der Mutter und deren Milch abhängig. Gesaugt wird, wenn die Katze zum Nest kommt. Sie bestimmt also, was Sache ist. Das ändert sich, wenn die Kätzchen etwa vier Wochen nach der Geburt anfangen, feste Nahrung zu sich zu nehmen. Dann bedrängen sie die Milchquelle der Mama, weil ihnen ein kräftiger Schluck immer noch am besten schmeckt. Gelegentlich er-

lebt man es, daß einzelne Kätzchen noch monatelang an der Mutter saugen – auch wenn längst keine Milch mehr kommt.
In der ersten Zeit haben die Kleinen Kot und Urin noch nicht unter Kontrolle. Das Muttertier leckt sie am Bauch und in der Aftergegend, um den Urinabsatz anzuregen. Wichtig: Bei handaufgezogenen Kätzchen muß dies durch die Massage mit einem warmen, feuchten Läppchen ersetzt werden. Sonst kann es zu Blasen- und Darmlähmungen kommen.
Eine Katze, die freien Zugang zu einem Jagdrevier hat, bringt den Kleinen den Beutefang sorgsam bei. Schon vier Wochen nach der Geburt schleppt sie Mäuse heran, die zunächst durch einen Biß in den Rücken halb gelähmt sind. Die noch tapsigen und ungeschickten Jungen üben daran ihre Jagdreflexe. Später werden es springlebendige Tiere sein; die Kleinen müssen sie fangen und töten lernen. Dieses Verhalten ist natürlich, man kann als Tierfreund aber kaum dabei zuschauen. Mit gewissem Schaudern sieht man, wie die putzigen Fellbällchen zu geschickten Jägern heranreifen, wie es ihre Bestimmung ist.

Paßt gut auf, ihr sollt tüchtige Jäger werden!

Ist die Erziehungsarbeit der Mutter erforderlich, damit sich die Kätzchen später auch in der freien Natur selbständig durch Jagd ernähren können? Nicht unbedingt, obwohl die Jungen ganz eindeutig von dem Muttertier und den Geschwistern lernen. Ihnen wird ja gezeigt, was Beute und was Feind ist. So bevorzugen Kätzchen z.B. eine ganze Weile Ratten, wenn sie den Fang und die Tötung dieser wehrhaften Tiere gelernt haben. Spätere Erfahrungen überdecken aber diese ersten Jagderfolge.

Anders ausgedrückt: Aus praktisch jeder gesunden Katze wird im Erwachsenenalter eine geschickte Jägerin. Das Vorbild von Mutter und Geschwistern verkürzt aber diesen Lernprozeß und prägt das erste Beuteschema. Da die Katzen als intelligente Tiere ständig hinzulernen, können sie sich später immer wieder veränderten Bedingungen anpassen.

Auf diese Weise wurden ausgesetzte träge Schiffskatzen auf Südseeinseln zu Reptilienjägern, stellten sich Mäusejäger auf Jungkaninchen um, wenn diese gar zu verführerisch herumhoppelten, und lernten einige Spezialisten sogar den eigentlich katzenuntypischen Vogelfang.

Reine Hauskatzen, deren Mütter nie selber jagen konnten, haben den Fang und die Tötung lebender Beute nicht gelernt. Beim Spiel kann man allerdings Ansätze dieser Verhaltensweisen beobachten.

Gewandtheit und Charme. Die Anlagen sind vorhanden, jetzt muß noch tüchtig geübt werden.

Derartige Tiere zeigen – wenn sie später doch einmal Auslauf bekommen – meist ein unvollständiges Jagdverhalten. Die Beute wird gern belauert, häufig auch gefangen, jedoch selten getötet oder gar verzehrt. Wie immer bei Katzen sind natürlich Ausnahmen von dieser Regel möglich – die Jagd steckt allen Katzen eben im Blut.

Die Tabelle auf der nächsten Seite zeigt die Entwicklung der Katze in ihrem zeitlichen Ablauf.

Entwicklung der Katze

24. Tag der Schwangerschaft	Tastsinn entwickelt sich.
54. Tag der Schwangerschaft	Oben und unten wird unterschieden (Stell-Reflex bildet sich aus).
einige Tage nach der Geburt	Tastsinn ist gut entwickelt; Gefühl für Wärme und Kälte; Geruchssinn schon gut.
5. Lebenstag	Erste Reaktion auf Geräusche.
7.–10. Lebenstag (in der Zeitspanne vom 2. – 16. Lebenstag)	Augen öffnen sich.
2. Lebenswoche	Geräusche werden geortet.
15.–25. Lebenstag	Erste Orientierung durch Sehen.
3. Lebenswoche	Geruchssinn voll ausgebildet.
4. Lebenswoche	Hörsinn gut entwickelt. Erste kleinere Ausflüge. Erste feste Nahrung. Mutter bringt Beutetiere.
5. Lebenswoche	Augenflüssigkeit wird klar. Rennen möglich. Kätzchen fällt beim Fall auf die Füße (Stell-Reflex).
4.–7. Lebenswoche	Entwöhnung.
7. Lebenswoche	Körpertemperatur bleibt konstant.
10. Lebenswoche	Sehvermögen schon gut. Bewegungsverhalten voll ausgebildet.
4. Lebensmonat	Volles Sehvermögen.
10. Lebensmonat	Beginn der sexuellen Reife.

Der ideale Katzen-Mensch

Grundsätzliches zur Katzenhaltung

In einem anspruchsvollen Zoogeschäft sah ich einen Zimmerkäfig für Katzen. Dieses Gebilde hatte die Größe einer Vogelvoliere und war innen mit allen Annehmlichkeiten für eine Luxuskatze komfortabel eingerichtet. Einen solchen Käfig können Sie sich ins Wohnzimmer stellen und darin eigentlich jede Katze – von der echten Wildkatze bis zum Perser – einsperren. Sie werden damit zum Gefängniswärter; mit artgerechter Katzenhaltung hat das allerdings nichts zu tun.

Ziel engagierter Katzenhaltung soll doch wohl immer sein, diesem edlen Geschöpf ein Partner zu werden. Die erste Voraussetzung einer Partnerschaft – zwischen welchen Geschöpfen auch immer – ist, daß nicht einer den anderen

Eine partnerschaftliche Beziehung.

Katze und Mensch verstehen sich gut.

einsperrt. Natürlich ist nicht jedes Heimtier geeignet, Partner des Menschen zu werden. Eine Klapperschlange, ein Streifenhörnchen oder eine Vogelspinne benötigen bei der Haltung im Heim eine artgerechte Behausung, die dem natürlichen Lebensraum weitgehend ähneln muß.

Für die Katze ist der minimale Lebensraum Ihre Wohnung, und zwar die ganze. Die Katze sieht die Eigentumsverhältnisse in der Wohnung allerdings anders und duldet Sie nur in ihrem Revier. Das ist aber Ansichtssache. Wenn ein Mensch nicht bereit ist, seine Wohnung der Katze zur Verfügung zu stellen, so rate ich zu anderen Heimtieren – ideal wäre eines aus Plüsch!

Die Katze akzeptiert Sie im Idealfall als ihren Partner. Dabei beweisen diese klugen Tiere Verständnis und Geduld. Sie haben gelernt, daß Menschen täppisch sind, schwer von Begriff und daß Taktgefühl nicht zu ihren Stärken gehört. Unter Anleitung können geeignete Menschen trotzdem zu akzeptablen Katzenpartnern werden. Man muß als Katze nur etwas in die Beziehung investieren und sie mit kleinen Belohnungen – Schmusen und Schnurren – sowie sorgsam dosierten Bestrafungen – ein spielerischer Pfotenhieb mit eingezogenen Krallen oder ein warnendes Fauchen – auf den rechten Weg bringen. Auch das Füttern und Tränken müssen viele Menschen erst lernen. Gute Katzen-Menschen geben sich aber wenigstens Mühe.

Da Menschen trotz bester Erziehung nie ein ebenbürtiger Partner für Katzen werden, sehen die Katzen sie auch nicht als Konkurrenten an. Eine gute Hauskatze schließt sich daher an ihren Pfleger, trotz all seiner Fehler und Schwächen, meist enger an als an andere Katzen. Darüber wird noch zu reden sein, es gibt für diese merkwürdige Behauptung jedenfalls zahlreiche Beweise.

Ideale Katzen-Menschen sollten eine sanfte Stimme haben, sich nicht zu ungeschickt-poltrig bewegen und auf Stimmungsschwankungen ihrer Pfleglinge angemessen und taktvoll reagieren. Die durch eine kluge Katze gut erzogenen Menschen werden damit auch zu angenehmen Partnern für ihresgleichen. Das gilt ohne Spaß und Ironie auch für Kinder. Die Katze im Haus ist ein wichtiger Erziehungsfaktor!

Möglicherweise haben Sie diese Zeilen mit wachsendem Unmut gelesen. Bei Ihnen hat es früher einmal Probleme mit einer Katze gegeben. Erst hatte man das halbverhungerte Häufchen Elend vom Schrottplatz mitgebracht oder aus Mitleid aus dem Tierheim geholt, mit dem besten Futter aufgepäppelt, und wo blieb der Dank? Stattdessen hatte das Tier schon zweimal versucht, Sie zu kratzen und fauchte jeden aus der Familie an, der es streicheln wollte. Auch den guten Teppich hatte es mehrmals als Katzentoilette mißbraucht. Was soll das Gerede von klugen Katzen? Sie haben das Gefühl, daß Ihre Katze damals strohdumm und falsch war.

Ich habe jetzt die unangenehme Pflicht, Ihnen in dieser Beziehung reinen Wein einzuschenken: Sicherlich sind Sie ein Tierfreund, der Gutes für die Tierwelt tut und auch manches Heimtier hervorragend pflegen kann. Aber bitte lassen Sie sich noch nicht auf eine Katze als Hausgenossen ein. Sie müssen sich erst auf dieses ganz besondere Tier einstellen, sonst gibt es gegenseitige Enttäuschungen. Nehmen Sie eine Katze für einige Tage probeweise in Pflege oder helfen Sie in einem Tierheim aus. Dort ist Ihre Hilfe in jedem Fall hochwillkommen. Man merkt dann schnell, ob sich eine gute und dauerhafte Beziehung zu einer eigenen Katze entwickeln kann und ob man ein leidlicher Katzen-Mensch ist.

Das Katzenheim

Was jede Katze zum Wohlfühlen braucht

Bei den folgenden Betrachtungen ist es zunächst ohne Belang, ob die Katze Auslauf nach draußen hat oder ob die Wohnung ihr einziger Lebensraum ist. In jedem Fall betrachtet die Katze Ihre Wohnung als ihr ureigenstes Revier und stellt da gewisse Ansprüche.

Beobachtungsplatz

Wie alle Jäger zeigt auch die Katze ein Verhalten, das man stark vermenschlichend als faul bezeichnen könnte. Tatsächlich gliedert sich ein Jägerleben in Phasen höchster Anspannung und Aktivität, gefolgt von langen Erholungszeiten mit Körperpflege, Spiel und Schmuserei. Das ist verständlich und biologisch sinnvoll.

Von hier aus sehe ich alles!

Körper und Sinne eines Jägers müssen in Höchstform sein, sonst entkommt die Beute, und es droht ein knurrender Magen. Die erfolgreiche Ausübung der Jagd verlangt eine Spitzenleistung. Ist das Beutetier aber gefangen, kann man sich erholen. Genaue Beobach-

Ruhe ist sehr wichtig.

tungen haben ergeben, daß Katzen am Tage etwa neun Stunden mit Putzen und Dösen zubringen, dazu noch abschnittsweise die gleiche Zeit schlafen.

Für diese wichtigen Tätigkeiten hat die Katze gern einen eigenen, nur für sie reservierten Beobachtungsplatz. Dieser Platz sollte etwas erhöht sein, denn Katzen lieben den Überblick. Eine zugluftfreie Fensterbank wird gern angenommen, teure Katzenbaumkombinationen oder selbstgebaute Konstruktionen sind gut, ein Sofa – oder die flache Sofalehne – tun es aber auch.

Wichtig ist ein möglichst ungehinderter Blick über weite Teile der Wohnung. Den Beobachtungsplatz kann man aussuchen und anbieten, die letzte Auswahl trifft die Katze aber nach ihren Vorstellungen selber. Es wurden schon die tollsten Katzenmöbel-Konstruktionen angeschafft, und hinterher lag sie auf dem Bücherbord, majestätisch über dem mehrbändigen Lexikon ausgebreitet.

Jede Katze sollte ihren Lieblingsplatz ganz für sich allein haben. Sie wird ihn gegen andere Tiere verteidigen und hat es gar nicht gern, wenn man sie von hier wegtragen will. Selbst vertraute Menschen könnten bei dem Versuch angefaucht werden. In einem vielbesuchten Restaurant sah ich eine Katze so ruhig auf der Fensterbank liegen, daß ich sie für ausgestopft hielt. Anbiederungsversuche der Gäste: »Hier Muschi, eine Scheibe Wurst!« lehnte sie hoheitsvoll ab, so daß sich die Vorwitzigen bald zurückzogen.

Katzenbaum – Wildnis im Heim.

Schlafplatz

Da Katzen auch noch etwa neun Stunden schlafen – wenn auch nicht an einem Stück, sondern von Wach- und Eßphasen unterbrochen –, benötigen sie natürlich einen Schlafplatz.

Bei dessen Auswahl bedenken Sie bitte, daß Katzen Höhlentiere sind und sich meistens – es gibt aber immer Ausnahmen – in geschlossener Umgebung besonders wohl fühlen. Das kann ein Karton mit weicher Einlage sein, eine schicke Katzenkugel, ein Körbchen oder ähnliches. Das ist dann das Revier 1. Ordnung, von dem man das Territorium (Haus, Garten) unterscheiden muß.

Wenn Sie mit der Katze häufiger verreisen wollen oder sie im Urlaub in einer Pension unterbringen, gibt es eine recht gute Lösung. Der Zoofachhandel bietet Boxen an, die sich mit einem Gittertürchen fest verschließen lassen und einen Tragegriff haben. Das wäre also einmal ein komfortabler Schlafplatz, zum anderen aber auch ein tiergerechter Transportbehälter. Wenn diese vertraute Box in der Tierpension steht, ist das Heimweh nur halb so schlimm (s. auch Kapitel »Katzen und Urlaub«, S. 108).

Wichtig: Ob Karton, Kugel oder Box – die weiche Einlage muß leicht herausnehmbar und gut waschbar sein. In oder an ihr entwickelt sich nämlich häufig Flohbrut (s. S. 65); auch ein kleines Unglück (Erbrechen oder Durchfall) kann passieren. Da hilft nur Waschen oder Auswechseln.

Eßzimmer

Katzen pflegen ihr Futter nicht hastig herunterzuschlingen wie etwa Hunde. In der freien Wildbahn schleppen sie die Beute an einen geschützten Platz und beginnen dann, bedachtsam zu speisen. In

Die Transportbox als vertraute Insel – auch in der Fremde!

My home is my castle, hier fühle ich mich wohl.

der Wohnung benötigen sie dafür ein Eßzimmer, und diesen Ausdruck nehmen Sie bitte nicht zu wörtlich. Der saubere Eßnapf kann in der Küche stehen, auch der Keller ist angenehm. Bitte nicht in der Toilette – wir wollen uns doch nicht vor den Katzen blamieren – und auch nicht im Wohnzimmer. Im einen Fall würde der Geruch der Katze unangenehm sein, im anderen Fall uns. Der Platz muß etwas geschützt sein und sollte der Katze gefallen. Um den geeigneten Ort herauszufinden, müssen Sie vielleicht mehrere Möglichkeiten ausprobieren. Die Katze wird Sie schon wissen lassen, was ihr angenehm ist.
Wenn Sie mehrere Katzen haben, sollten Sie jedem Tier einen eigenen Napf für Futter und Wasser anbieten. Es kommt zwar vor, ist aber nicht die Regel, daß sich mehrere Tiere an einem gemeinsamen Eßplatz vertragen. Dies zeugt von enger Freundschaft.

Gemeinsam schmeckt's gut, vor allem mit der Freundin.

Toilette

Gesunde Katzen sind sauber. Auf jeden Fall benötigen sie eine geeignete Toilette. Diese darf nicht, wie man es leider häufig sieht, neben dem Eßnapf stehen. Die menschliche Toilette ist als Standplatz geeignet, natürlich auch der Keller oder ein für die Katze immer zugänglicher Abstellraum.
Im Prinzip besteht die Katzentoilette aus einem leicht zu reinigenden Behälter mit Katzenstreu. Konstruktionen, die sich auf Pfotentritt öffnen und schließen und der Katze beim Geschäftchen Sichtschutz bieten, sind schon recht. Bei der Anschaffung sollte man aber auf Stabilität und absolute Funktionssicherheit achten. Wenn sich die Katze erst einmal erschrocken oder geklemmt hat, wird sie in Zukunft lieber auf Ihren echten Teppich oder die Bettwäsche (bei einigen Katzen heißgeliebt!) zurückgreifen.

Alles wird hier säuberlich im Katzenklo verscharrt.

Dies ist mein gemütliches Heim.

Bei mehreren Katzen in der Wohnung muß jede ihren eigenen Beobachtungs- und Schlafplatz haben, ist für einen eigenen Eßnapf dankbar, teilt sich die Toilette aber in aller Regel mit den anderen.

Mit diesen wenigen Gegenständen, die sich auch ohne große Mühe selber basteln lassen, sind Sie und die Katze eigentlich schon gut versorgt. Katzenhaltung muß nicht teuer sein; mit Geld und Luxus kann man keiner Katze imponieren, obwohl einige Besitzer das immer wieder versuchen.

Wohnungskatzen

Wenn sie es von Jugend an gewöhnt sind, kann man Katzen auch ausschließlich in der Wohnung halten. Wenn ich »kann« sage, ist damit nicht gemeint, daß dies aus meiner Sicht ein idealer Zustand wäre. In manchen Fällen ist die reine Wohnungshaltung aber die einzige Möglichkeit, eine Katze bei sich aufzunehmen. Dabei denke ich an Etagenwohnungen und Häuser in Gegenden mit vielbefahrenen Straßen.

In beiden Fällen wäre die Katzenhaltung mit Auslauf der reinste Mord. Man kann sich nicht resignierend damit abfinden, daß die durchaus geliebte Katze nur eine Lebenserwartung von etwa einem Jahr (!) hat. Die relative Freiheit des Tieres darf keinen höheren Stellenwert haben als dessen Leben. Der Verkehrstod ist schließlich kein schicksalshaftes Ereignis, nicht naturgewollt und in den seltensten Fällen gnädig. Meist quälen sich die angefahrenen Tiere noch eine ganze Weile, ehe der Tod sie erlöst. Wer je eine querschnittsgelähmte Katze – sehr häufiges Ereignis nach Verkehrsunfällen – gesehen hat, wird diesen Anblick nie vergessen.

Nein, in solchen hochgefährdeten Gegenden gibt es nur die Wahl zwischen Katzenverzicht und reiner Wohnungshaltung. Eine Statistik aus den USA besagt, daß Wohnungskatzen mit zwölf Jahren durchschnittlich doppelt so lange leben wie Tiere mit freiem Auslauf.

Katzen betrachten die Wohnung bald als ihr Revier. Sie schalten und walten darin nach den uralten, pedantischen Katzenregeln, die auf Gewohnheit beruhen und leben mit ihren Menschen relativ glücklich und zufrieden, wenn man auf ihre Bedürfnisse (Zuwendung, Spiel usw.) eingeht.

Achten Sie auf Gefahrenpunkte. Wenn das Tier auf den Balkon darf, muß er mit Katzennetzen abgesichert sein. Andernfalls könnte es durch einen vorwitzigen Vogel zum tödlichen Sprung in die Tiefe verlockt werden. Kippfenster sind eine echte Todesfalle. Nach diesem Prinzip werden in Skandinavien grob tierquälerische Fuchsfallen aus einem gespaltenen Ast gebaut. Beim Sprung zum Fenster kann sich eine Pfote im Kippfenster verfangen, und die Katze zappelt sich zu Tode. Es gibt nun glücklicherweise empfehlenswerte Kippfenster-Sicherungen im Tierhandel, die dieses Unglück verhindern.

Spiel = Jagd, das ist unerläßlich für die geschmeidige Katze.

Bitte lassen Sie keine Katzen auf ein Außenfenstersims. Auch Ihr wohlerzogenes, ruhiges Tier kann dort erschrecken und abstürzen!

Dem leidenschaftlichen Jäger Katze müssen Sie in Ihrer Wohnung täglich Fang- und Haschspiele bieten. Katzenspielzeug wird im Handel angeboten und ist leidlich gut. Besser wäre allerdings, wenn Sie sich selber regelmäßig mit der Katze beschäftigen könnten. Ein Ball am Bindfaden, ein Läppchen – Sie wissen schon, was geeignet ist. Ein Bekannter hat gerade ein ferngelenktes Auto zu einer elektronischen Maus für seine Katze umgebaut.

Sie haben keine Zeit für solche Spielereien? Da sei die Frage erlaubt, weshalb Sie denn überhaupt eine Katze halten wollen! Ein regelmäßiger Zoobesuch oder die tätige Hilfe im nächsten Tierheim wäre für Sie sicherlich günstiger. Nur wer ausreichend Zeit zur Verfügung hat und diese auch einsetzen will, ist für die Tierhaltung geeignet. Als Kompromiß könnten Sie allenfalls zwei befreundete Katzen zusammen pflegen.

Jeder Vergleich hinkt. Wenn man aber sieht, wie schlecht Tiere oft gewerblich gehalten werden und welche unglaublichen Tierquälereien bei der privaten Heimtierhaltung durch zu kleine Käfige vorkommen, muß man die reine Wohnungshaltung von Katzen zumindest tolerieren.

Vermehrt sieht man auch, wie Katzen regelmäßig an der Leine mit Brustgeschirr ausgeführt werden. Daran gewöhnen sie sich im allgemeinen relativ schnell. Allerdings muß der Besitzer das Tempo der Katze akzeptieren und darf sie nicht lieblos um den Block zerren. Gegen einen Spaziergang im Park ist aber nichts einzuwenden; er scheint den Katzen Freude zu machen. Nur wenn ein »böser« Hund naht, muß man sie rechtzeitig – bevor sie vor Angst kratzt und beißt – auf den Arm nehmen.

Auslaufkatzen

Darunter verstehe ich Katzen, die in einem Haus oder einer Wohnung gepflegt werden, aber jederzeit nach draußen können. Das ist die eigentlich artgemäße Katzenhaltung und zugleich ein harter Test für die Menschen, die sich für die Besitzer der Katze halten. Bei grober Unbotmäßigkeit ihrer Pflegepersonen wird sich die Katze nämlich in aller Ruhe ein neues Heim suchen und anderen Menschen eine Bewährungschance geben.

Es kam schon vor, daß sich einige Leute über die beängstigende Appetitlosigkeit ihrer Katze wunderten. Sie fanden es auch beunruhigend, daß ihr verwöhntes Tier bei schlechtestem Wetter tagelang nicht nach Hause kam. Des Rätsels Lösung: Es hatte sich in der Nachbarschaft bedient. Konkurrenz belebt die Verwöhnbereitschaft! Bevor Sie an geheimnisvolle Krankheiten denken, müssen Sie die Mehrfachpflege Ihres Lieblings ausschließen.

Das Katzenheim – Ihre Wohnung – sollte so eingerichtet sein wie zu-

Katzenherz, was willst du mehr! Freier Auslauf im Vorgarten.

Ein Ausflug an der Leine gefällt ruhigen Tieren ganz gut.

vor beschrieben. Für den freien Zugang nach draußen rate ich von einer ständig geöffneten Tür oder einem Fenster ab. Damit werden menschliche Eindringlinge magisch angelockt. Auch fremde Katzen könnten zu Besuch kommen, was nicht immer angenehm ist. Im

Katzenschleuse – eine von vielen möglichen Konstruktionen.

Handel sind praktische Katzenschleusen erhältlich, die die genannten Nachteile vermeiden, wenn auch freche fremde Katzen sie nicht immer respektieren.

Ein wichtiger Hinweis: Auch Ihre Katze könnte einmal abhanden kommen. Die Suchanzeigen lauten dann meist etwas hilflos »Verschmuster schwarzer Kater entlaufen ...« oder ähnlich. Lassen Sie der Katze rechtzeitig eine Kennnummer vom Tierarzt eintätowieren. Sie wird kostenlos in das Suchregister des Deutschen Tierschutzbundes oder das Tasso-Register eingetragen. Damit ist das Tier einwandfrei zu identifizieren.

Die Tollwut-Schutzimpfung ist bei Auslaufkatzen eine absolute Notwendigkeit (vgl. S. 61) und sollte für jeden verantwortungsbewußten Tierhalter selbstverständlich sein.

Bauernkatzen

Nun beschreibe ich genüßlich das Ideal der Katzenhaltung, wie ich es sehe. Ein bäuerliches Anwesen, außerhalb stark befahrener Straßen, mit vielen anderen Tieren. Vom Wohnbereich aus kontrolliert die Katze ihr Jagdrevier. Sie benötigt keine Bällchen und kein raffiniertes Spielzeug. Ohne Hast geht sie täglich ihrer Be-

Einliegerwohnung mit Privatjagd und Halbpension: Bauernkatze auf ihrem Hof. ▷

Jagderfolg – das zweite Frühstück ist gesichert!

schäftigung nach, die sie einst dem Menschen so unentbehrlich machte: der Mäusejagd.

Diese Bauernkatze unterscheidet sich in einem wesentlichen Punkt von anderen Katzen, den meisten Hunden und allen anderen Heimtieren. Sie hat eine wichtige Aufgabe, ist nicht arbeitslos. Was ihr der Mensch gibt: Die sichere Zuflucht, Nahrung bei zu geringer Jagdbeute, das Gnadenbrot, wenn die Glieder zum Mäusefangen zu steif werden, all das vergilt sie ihm souverän. Sie tritt nicht als Bettlerin auf, sondern verdient sich alle Wohltaten der Menschen selber.

Es erscheint mir glaubhaft, daß ein so sensibles Tier wie die Katze sehr wohl merkt, wie sie gehalten wird: Als Bettlerin, als Spielzeug, als Kindersatz oder als angesehener Partner.

Um keinen Irrtum aufkommen zu lassen, auch bei vielen Mäusen auf dem Anwesen muß die Katze regelmäßig gefüttert werden. Ein knurrender Magen verleitet zu überhasteter und damit wenig erfolgreicher Jagd. Die Ernährungsgrundlage sollte durch den Menschen in jedem Fall gewährleistet sein. Nur so kann die Jägerin mit der angeborenen Bedachtsamkeit auf Beutefang gehen.

Ein kleines Risiko besteht. Noch mehr als üblich muß sich der Mensch gerade um die Bauernkatze bemühen. Ist er zu täppisch oder hat er gar zu wenig Zeit, dann wird die Katze immer unabhängiger. Ihr geht es gut, gewiß, der Mensch kommt aber zu kurz. Die Zuneigung einer Katze läßt sich nicht auf die Schnelle erzwingen und auch nicht mit luxuriösen Edelfreßchen erkaufen.

Diese unabhängigen Katzen haben zu dem oft zitierten Spruch geführt, daß die Katze am Heim, aber nicht an dessen Besitzer hängt. Für den geschilderten Sonderfall mag das zutreffen. Verläßt der tölpelhafte Mensch den Hof, so wird ihm die Katze sicherlich nicht folgen. Sie bleibt im gewohnten Revier und versucht, den neuen Besitzer zu erziehen.

Selbstverständlich kann man aber auch zu weitgehend unabhängig lebenden Katzen eine enge Beziehung aufbauen, von der beide Teile viel profitieren. Dieses Buch will dazu beitragen, daß es dabei keine Enttäuschungen gibt.

Ernährung

Die Katze zog es zum Menschen, weil er ihr eine sichere und gemütliche Bleibe bot; praktischerweise mit ergiebigem Jagdrevier. Das bitte ich ständig zu beachten: Die Katze kam nicht als Bettlerin! Sie verpflegte sich selber, erwies dem Menschen durch die Jagd auf schädliche Nager damals unschätzbaren Nutzen, gestattete gnädig den Anblick ihrer Schönheit und beanspruchte lediglich ein sicheres Ruheplätzchen.

Schon immer wird der Mensch versucht haben, die Katze mit Leckereien an sich zu binden, sie zu verwöhnen. Bei alten Tieren wurde daraus vernünftigerweise das wohlverdiente Gnadenbrot.

Es ist sicherlich nicht die Schuld der Katze, wenn sie heutzutage bei reiner Wohnungshaltung auf die Fütterung durch den Menschen angewiesen ist. Wir erweisen ihr beim Füttern keine Gnade – im Gegenteil, jede gesunde Katze würde lieber auf die Jagd gehen und sich selber versorgen. Sehnsüchtig starrt sie auf die dunkle Ecke hinterm Schrank und lauert sogar frustriert vor dem Abflußloch der Badewanne. Seien wir uns einig: Der Besitzer einer Katze hat die Pflicht, sie artgemäß zu ernähren. Selbst glückliche Bauernkatzen werden übrigens von der Mäusejagd allein nicht mehr satt. Zufüttern muß man in jedem Falle.

Katzenfutter

Beim Katzenfutter gibt es für die Zusammensetzung ein Ideal, nämlich das Mäuschen. Eine Maus besteht aus hochverdaulichem Eiweiß (Fleisch), wohlschmeckenden Organen, pflanzlichen Stoffen (Darminhalt) sowie unverdaulichen Teilen (Knochen, Haare). Letztere fördern als Ballast die Verdauung oder werden problemlos ausgewürgt. Die ideale Katzennahrung sollte also wie eine Maus zusammengesetzt sein. Dieses Ideal läßt sich mit Tischabfällen nicht erreichen. Gewiß, auch mir sind die halbwilden Katzen in südlichen Ländern bekannt, die nur von erbärmlichem Abfall leben. Nicht immer sehen sie heruntergekommen aus. Als Ausgleich für das meist unzureichende Futter haben sie aber noch die Jagd und natürlich ihre Freiheit. Nur die Zähesten überleben. Ein Katzenfreund will aber sicherlich nicht die Zähigkeit seiner Katze austesten, sondern ihr artgerechtes Futter bieten.

Der beste Kompromiß ist heutzutage industriell hergestellte Fertignahrung mit ihren verschiedenen Sorten. Die erforderliche Vielseitigkeit mit allen Nähr- und Aufbaustoffen, wie hochwertigem Eiweiß, Fett, Kohlenhydraten sowie lebenswichtigen Vitaminen in ausgewogener Zusammensetzung, wird dabei vom Hersteller garantiert.

Ein schöner Napf mit leckerem Futter, da schmeckt es!

Andererseits kann man Katzenfutter auch selber zubereiten, vorausgesetzt, man bedenkt alle Anforderungen an eine gesunde artgerechte Ernährung:

Auf Fleisch läßt sich prinzipiell nicht verzichten. Es braucht kein reines Muskelfleisch zu sein und sollte gekocht verfüttert werden. Schweinefleisch muß man grundsätzlich abkochen, da es den Erreger der tödlichen Juckpest (Aujeszkysche Krankheit) beherbergen kann – diesen gibt es ebenfalls, wenn auch seltener, bei Rindern.

Eier sind ein gehaltvolles Futter. Eiweiß bitte grundsätzlich erhitzen; das Eigelb kann roh oder gekocht verabreicht werden.

Stärkehaltige Nahrungsmittel, wie Kartoffeln, Nudeln usw., werden von Katzen nur gekocht verwertet. Es handelt sich um eine gute Beikost, die jedoch dick machen kann.

Käse und Quark sind wertvolle Nahrungsbestandteile, allerdings dürfen sie nur mild gesalzen sein.

Gemüse wirkt als notwendiger Ballast, hat also wenig Nährwert. Das ist gut zu wissen, wenn man Dickbäuche verpflegen muß.

Fisch ist wertvoll, aber bitte nur gekocht geben, da viele Fischarten hitzeempfindliche Stoffe enthalten, die ein wichtiges Vitamin (Thiamin) zerstören.

Leber lieben fast alle Katzen, sie ist ein hochwertiges Nahrungsmittel und gleichzeitig Diätetikum. Rohe Leber führt etwas ab, gekochte Leber stopft. Größere Mengen von Leber können allerdings eine gefährliche Vitaminüberversorgung zur Folge haben.

Gras, aus der Natur oder in Schalen gezogen, besitzt keinen Nährwert, es wird aber gern daran herumgeknabbert. Die Katze benutzt Gras zur Regulierung der Verdau-

Diät oder Leckerei, am Katzengras wird gern geknabbert.

ung, würgt es wohl auch wieder (mit Haaren vermischt?) heraus.
Knochen sind entgegen landläufiger Ansicht weder Hunde- noch Katzenfutter. Katzen nagen nicht so gern wie Hunde daran. Kleine Knöchelchen, z. B. von Hühnerköpfen, werden heruntergeschluckt. Bei größeren Mengen kann das böse Verstopfungen und Verletzungen geben, also bitte nicht zuviel davon geben!
Nun eine dringende Warnung: Katzen sind Leckermäuler und verstehen sich gut auf den Umgang mit Menschen. Durch pädagogisches Straffasten über mehrere Tage und die Bevorzugung bestimmter Futtermittel zeigen sie sehr eindeutig, was ihnen mundet. Das ist schon recht, wenn es um die Auswahl einer bestimmten Futtermarke geht. Es wird aber gesundheitsschädlich, sobald sie sich nur auf einen Leckerbissen kaprizieren! Reines Fleisch, Sahne oder Milchprodukte, Leber oder was auch immer eignen sich nicht als Alleinfutter.
Im Interesse der Katzen (!) müssen Sie auf der Mäuschen-Vielfalt (Fleisch + Organe + pflanzliche Stoffe + Vitamine + Spurenelemente) bestehen. Mir ist bekannt, daß Katzen in solchen Fällen ihren Dickkopf mit Katzengeduld und der Fähigkeit zu tagelangem Fasten gegen menschliche Tierliebe setzen. Bitte bleiben Sie hart; was einmal schlechter Brauch wurde – »Sie ist ja noch so klein und schwach!« – läßt sich später nicht mehr umstellen.
Kleine Katzen müssen mehrfach, ausgewachsene täglich zweimal gefüttert werden. Die Tiere haben einen ausgeprägten Zeitsinn und erwarten das Futterschüsselchen zur gewohnten Stunde. Katzenkenner empfehlen daher Pünktlichkeit bei den Mahlzeiten.

Leckerbissen

Wir wollen Katzen verwöhnen, warum denn auch nicht. Es spricht allerdings für die Einfallslosigkeit der Menschen, wenn sie dabei meistens nur an Nahrung denken. Ein hübsches Spiel wäre vielleicht besser.
Soll es aber ein Leckerbissen sein, bitte dem Tier nicht schaden! Milch wird nicht von allen Katzen vertragen, einige bekommen davon Durchfall. Milch darf nie ein Getränk sein, sie ist ein energiereiches Nahrungsmittel. Bei Husten

und Heiserkeit bekomme ich von meiner Frau Honigmilch; auch kranke Katzen freuen sich über eine kleine (!) Portion.

Süßigkeiten gelten als verpönt; sie machen dick, schaden den Zähnen und sind nicht katzengerecht.

In der Welt der Luxuskatzen – und warum sollte die Ihrige nicht dazu zählen? – ist eine kleine Menge Rinderhack als leckere Belohnung gestattet. Eine Krabbe oder Sardine lockt wohl jede Katze; Kaviar sollten Sie aber allein essen, er ist zu salzig.

Vollwertkost

Darunter versteht man beim Menschen eine möglichst vielseitige, naturbelassene Nahrung mit fehlendem oder sehr geringem Fleischanteil. Das ist für uns sicher sehr gesund und nur zu empfehlen. Es kommt aber vermehrt zu schwerwiegenden Mißverständnissen, weil Besitzer glauben, die menschliche Vollwertkost wäre auch für ihre Katze gut. Diese Ansicht ist falsch und führt zu grober Tierquälerei! Mir sind Fälle bekannt, wo geliebte Katzen nach einiger Zeit erblindeten. Die Ursache – erst nach vieler Mühe herausgefunden –, die Tiere wurden vegetarisch (!) ernährt. Sie hatten kein lebenswichtiges tierisches Eiweiß erhalten (Taurinmangel).

Vollwertkost für die Katze würde bedeuten, sie mit frischtoten oder gar lebenden Mäusen zu ernähren. Mir erscheint das in den Zeiten überall erhältlicher hochwertiger Fertignahrung etwas zu alternativ.

Jagd und Beute

Hauskatzen sind geschickte und erfolgreiche Jäger. Unter den verschiedensten Umweltbedingungen können sie gut für sich allein sorgen. Sie benötigen dabei keine Hilfe – im Gegenteil, wer ihnen auch immer in die Quere kommt, ist als Störenfried unwillkommen. Diese Unabhängigkeit ist sicherlich mit ein wesentlicher Grund für den eigenwilligen Charakter der Katze.

Katzen können sich als kluge Tiere im Einzelfall durchaus umstellen. Trotzdem folgen sie bei der Jagd gewissen Gesetzmäßigkeiten, an denen normalerweise festgehalten wird. Der Ablauf der Jagd läßt sich in bestimmte Phasen gliedern, die nacheinander ablaufen:

1. Anschleichen/Belauern,
2. Fangen,
3. Töten,
4. Verzehren der Beute.

Einzelne Phasen werden in umgekehrter Reihenfolge ausgelassen, wenn der Jagdtrieb abgestumpft ist. Satte Katzen verzehren ihre Beute nicht mehr. Sie bringen dann aber tote Mäuse ins Haus und sind sichtbar beleidigt, dafür keine Anerkennung zu erhalten. Als guter Katzen-Mensch gibt man ihnen deshalb ein gutes Wort und beseitigt die toten Tiere diskret. Manchmal sind auch weniger geschickte Katzen in der Wohngemeinschaft dankbare Abnehmer.

Die Fähigkeit zum Tötungsbiß, der das Opfer schnell und gnädig erlöst, ist den Katzen nicht angeboren. Üblicherweise sehen es die Katzen von ihrer Mama ab, wenn sie ihnen zappelnde Mäuse bringt. Manche Katzen lernen den Tötungsbiß nie. Sie fangen die Beute ganz geschickt, wissen dann aber nichts mehr damit anzufangen. Den »glücklichen« Besitzern wird deshalb ab und an eine quicklebendige Maus ins Haus gebracht.

Frauchen wird sich bestimmt über das Geschenk freuen!

Gespannte Aufmerksamkeit.

Das Fangen lassen Katzen eigentlich nur notgedrungen aus, wenn das Revier keine Beute hergibt – etwa in einer gepflegten Wohnung. Anstelle des echten Beutefangs tritt dann das Spiel. Es wirkt auf uns immer wieder possierlich, wenn eine Katze graziös einen Ball oder einen Lappen erbeutet. Dieses Spielverhalten ist aber sehr wichtig, weil es beim Tier sonst zu einem Antriebsstau kommt, der Verhaltensstörungen verursachen kann. Sinnvolles Spiel ist für die Katze also ebenso wichtig wie geeignetes Futter.

Menschen müssen wissen, daß auch das Anschleichen und Belauern von ihrer Katze lustbetont empfunden wird. Es ist also keineswegs blöd oder stumpfsinnig, wenn sie stundenlang vor dem Abflußloch der Badewanne hockt. Auch in einer garantiert ungezieferfreien Wohnung schleicht sie sich immer wieder mit gespanntester Aufmerksamkeit an dunkle Ecken heran.

Beutetiere

Grundsätzlich können Katzen alles erbeuten, was kleiner ist als sie selber und sich nicht allzu wehrhaft zeigt. Die Obergrenze sind

Noch ein Stückchen näher . . .

Jungkaninchen, aber auch Fliegen verschmähen Katzen keineswegs. Einen gesunden Marder werden Katzen kaum angreifen, einen Grenzfall stellen Ratten dar, auf die an anderer Stelle noch gesondert eingegangen wird. Je nach Beute oder Beutetiergruppe wenden die Katzen sehr unterschiedliche Jagdstrategien an, es handelt sich eben um intelligente Tiere.

Eine Bevorzugung bestimmter Beutetiere wird schon von der Mutter her geprägt (vgl. S. 15). Außerdem spielt es natürlich eine große Rolle, welche Tiere im Jagdrevier überhaupt vorkommen. Folgende Gruppen lassen sich unterscheiden: Wirbellose Tiere, Kleinnager, Kaninchen und Vögel.

Wirbellose Tiere

Dazu zählen in erster Linie Insekten, die wohl aus einem gewissen Spieltrieb heraus gefangen und gelegentlich auch verzehrt werden. Nur in warmen Ländern bilden z. B. Heuschrecken einen wesentlichen Teil der Nahrungsgrundlage. Gelegentlich werden Katzen auch gezielt zur Dezimierung von Kakerlaken gehalten.

Die Fangstrategie ist bei Insekten einfach. Sie werden aufmerksam beobachtet, und dann packt die

Katze schnell zu. Es ist lustig zu sehen, wie Jungkatzen als erste Beute nach Fliegen jagen. Die flinken Brummer entkommen meistens: Beim Fangerfolg ist der kleine Jäger meist völlig überrascht. Im Wurf bilden sich Spezialisten heraus, während andere nur planlos herumtapsen.

Früher oder später geraten die Kätzchen an eine Wespe oder Biene, und dann ist das Jammern groß.

Kleinnager

Das sind hauptsächlich Mäuse aller Art, die Hauptbeute der Katzen. Für den Mäusefang wurden sie von der Natur vorzüglich ausgerüstet.

Bauernkatzen nehmen sich ein Feld vor und streifen es recht methodisch ab. Das geschieht zunächst einmal mit Hilfe der Augen, doch auch die Ohren spielen eine wesentliche Rolle. Immer wieder verharrt die Katze und achtet genau auf die typischen Nage- und Trippelgeräusche einer Maus. Im hohen Gras kann die Maus von der Katze allein mit den Ohren genau geortet werden. Selbst der Angriffssprung erfolgt dann ohne Sichtkontrolle. Auf diese Weise erbeuten sogar blinde Katzen noch ab und an eine Maus.

Es ist noch nicht schlüssig bewiesen, wird aber vermutet, daß Katzen auch mit dem Geruchssinn ein Mäuseloch aufspüren.

Wenn eine interessante Stelle erreicht ist, beginnt das geduldige Warten/Lauern. Die Katze liegt dabei regungslos am Boden hingekauert, allenfalls zuckt die Schwanzspitze ein wenig vor Erregung. Die ahnungslose Maus läuft hin und her und kommt dabei irgendwann in die ideale Sprungentfernung.

Beim Sprung löst sich alle Spannung. Die Katze springt aber keinesfalls auf die Maus wie ein Löwe auf das Zebra. Sie landet unmittelbar vor dem Opfer und packt es dann mit den Vorderpfoten. Erst danach erfolgt – wenn überhaupt – der tödliche oder lähmende Biß.

Die Strategie sieht also folgendermaßen aus:

- Aufsuchen des größeren Jagdreviers (z. B. Feld),
- Aufspüren eines kleineren Gebietes, in dem die Mäuse vorkommen,
- Lauern/Warten,
- Angriff.

Kaninchen

Bei größerer Beute, wie es z. B. Jungkaninchen sind, riskiert die Katze wesentlich häufiger Fehlversuche als bei Kleinnagern. Genauere Untersuchungen ergaben, daß Katzen zum Fangen eines Kaninchens im Durchschnitt fünfmal soviel Zeit benötigen wie für eine Maus. Dafür ist ein Kaninchen aber rund zehnmal schwerer. Im Endeffekt lohnt sich also der Aufwand.

Heißa, es hat geklappt! Verdienter Jagderfolg nach geduldigem Anschleichen.

Die Vögel locken, doch leider erwisch' ich die unruhigen Gesellen nicht.

Kaninchen werden am Höhleneingang belauert. Gelegentlich kann man beobachten, wie Katzen sich im Jagdeifer sogar in einen Kaninchenbau zwängen.
Einige Spezialisten haben die Jagd auf Kaninchen ganz besonders gelernt. So ist mir ein älterer Kater bekannt, der in der Jungkaninchensaison mehrere andere Katzen mit seiner Jagdbeute versorgt.

Vögel

Die Katze hat als Vogeljäger einen rabenschwarzen Ruf. Allerdings werden Vögel meist von Nachtjägern (Ratten, Mardern) dezimiert, die man im Gegensatz zu den überwiegend tagaktiven Katzen nicht sieht. Viele Beschuldigungen sind also unberechtigt.
Die Katze ist nicht für den Vogelfang gebaut! Wenn sie geduldig wartet, sind die unruhigen Vögel meist viel zu schnell verschwunden. Der Ansitz lohnt sich also nicht. Die Pirsch wird versucht, führt aber nur selten zum Erfolg.
Nur wenige Katzen haben sich auf den Vogelfang spezialisiert. Sie erhaschen aufflatternde Vögel im Flug – das schaffen aber nur wenige. Im Gegensatz zur allgemeinen Ansicht können Katzen einen Vogelbestand nicht ernsthaft gefährden. Das gleiche gilt übrigens auch für echte Wildkatzen, wie Mageninhaltsuntersuchungen bewiesen haben.

Ratten

Für eine Durchschnittskatze sind ausgewachsene Ratten viel zu wehrhaft und aggressiv. Sie ergeben sich keineswegs in ihr Schicksal, sondern kämpfen hartnäckig um ihr Leben.

Eine versierte Katze ist der Ratte zwar überlegen, sie muß aber über entsprechende Erfahrung verfügen. Daher sind Rattenjäger selten, es gibt sie aber. Selbst relativ kleine Katzen können es von der Mutter gelernt haben.

Jagdbedingungen

Gelegentlich stößt man auf die Ansicht, daß Katzen hungern müßten, damit sie fleißig jagen. Das ist eindeutig falsch! Hungrige Katzen gehen nicht mit der nötigen Umsicht und Geduld zu Werke. Der knurrende Magen läßt ihre innere Ruhe erlahmen und führt zu überhasteten Reaktionen. Das verringert den Fangerfolg.

Es ist also richtig, wenn man Katzen in einem guten Mäuserevier mit Grundfutter versorgt. Sie können dann mit der erforderlichen Gelassenheit auf die Jagd gehen.

Ob nun Katze oder Kater, Kastraten oder sexuell aktive Tiere besser jagen, ist nicht sicher bekannt. Große Unterschiede kann man nicht erwarten. Doch gibt es eine Ausnahme: Säugende Mutterkatzen! Aus Vorsorge für die Jungen gehen sie häufiger als andere und mit großem Erfolg auf die Jagd.

Wilde Falb- und Europäische Wildkatzen jagen hauptsächlich nachts. Von der Anlage her sind unsere Hauskatzen also auch dämmerungs- und nachtaktiv. Durch das enge Zusammenleben mit dem Menschen haben sich die Jagdzeiten aber verschoben. Katzen jagen durchaus auch am Tage, wie man immer wieder beobachten kann. Die individuellen Unterschiede sind so groß, daß sich in dieser Beziehung keine feste Regel aufstellen läßt.

Schmusen und Spielen

Katzenkenner werden diesen Absatz verachtungsvoll überschlagen. Schmuse- und Spielanleitungen benötigen sie nicht. Ich stimme ihnen zu und weise darauf hin, daß man Schmusen und Spielen nicht aus Büchern lernen kann – die Katze wird es jedem aufmerksamen Besitzer schon beibringen.

Richtiges Schmusen braucht man nicht zu lernen, die Katze hilft.

Ich steuere nur einige Erklärungen bei. Mitten im schönsten Schmusen werden einige Katzen plötzlich »falsch«. Sie schlagen mit den Pfoten zu – meist ohne, gelegentlich auch mit ausgefahrenen Krallen –, beißen sogar und springen zischend weg. Das kann zu Kummer und Verärgerung führen. »Was habe ich nur falsch gemacht?«
Nichts, es gibt zwei Erklärungsversuche. Zum einen besinnt sich die Katze darauf, daß sie gerade bis zur Selbstaufgabe mit einem Menschen spielt. Das geht nicht so weiter, man ist doch schließlich wer – Schluß jetzt! Zum anderen hat jedes intensive Geschmuse weiblicher Katzen auch eine ganz eindeutige sexuelle Komponente. Im Überschwang der Gefühle wird der menschliche Partner – Mann oder Frau – wie ein liebevoller Kater behandelt. Und der bekommt von jeder anständigen Katze saftige Backpfeifen, auch Bisse, und man flieht scheinbar empört vor ihm. Das ist altes Katzenrecht. Bloß die begriffsstutzigen Menschen können es nicht verstehen und sind zuweilen schon über zwei Kratzer und einen Biß regelrecht eingeschnappt!

Ein Kork am Band, dazu ein Mensch: Die Katze freut sich!

Die Katze ist also nicht falsch, auch nicht verrückt geworden. Ihr für uns manchmal unverständliches Benehmen entspricht der Katzenart und zeigt an, daß sie ihren menschlichen Partner akzeptiert hat und ihn wie ihresgleichen behandelt. Nehmen Sie das als Kompliment und Trost!

Übrigens braucht man diese Katzenlaunen nicht widerspruchslos hinzunehmen. Betrachten Sie das Tier beim Schmusen genau: Die Katze zeigt an, wenn ihre Stimmung umschlägt. Eine Nachbarskatze verwirre ich immer wieder zutiefst, wenn ich ihr in dieser Situation einen kleinen Klaps gebe und mich höflich verabschiede. Sie bleibt dann sinnend zurück und denkt sichtbar über die unbegreiflichen Menschen nach – ob die vielleicht doch cleverer sind, als es scheint?

Wie unter »Jagd und Beute« ausführlich dargestellt, sind die Elemente der kätzischen Jagd: Belauern – Fangen – Töten – Verspeisen der Beute. Jedes Spiel ist daher sinnvoll, das diese Vorgänge in irgendeiner Form nachahmt.
Das Spielen ist den Katzen ein Bedürfnis. Ein Ball, eine Hasenpfote, ein Stofflappen dient als Beuteersatz und wird mit Leidenschaft belauert, gejagt und gefangen. Es gibt kunstvolle Konstruktionen, wo rauhe Bälle an Federn oder einem Gummiband befestigt sind. Das beschäftigt Katzen stundenlang. Natürlich spielen sie besonders gern, wenn der menschliche Partner mitmacht.
Der Tötungsbiß wird von manchen Katzen nie erlernt, sie benötigen ihn in der Wohnung auch nicht. Man kann aber beobachten, wie sie ihn an geeigneten Objekten gelegentlich spielerisch nachmachen.
Die verdiente Mahlzeit entspricht letztendlich dem Verspeisen der Beute.

Das Leben der Kätzchen ist Spiel. Dabei wird der spätere Beutefang geübt!
Rasant in der Drehung: Den Faden hasch' ich. Selbst der Schwanz hilft mit, vielleicht geh ich zum Ballett! Das Klötzchen scheint verdächtig; schade – entwischt!

Pflege

Der Körper eines Jägers muß von der Nase bis zur Schwanzspitze stets tadellos gepflegt sein. Dafür benötigt man viel Zeit und ein rauhes, feuchtes Fellpflegeinstrument. Beides besitzt die Katze!

Stundenlang putzt und leckt sie ihr schönes Fell mit der Zunge; befreundete Tiere helfen sich dabei auch gegenseitig. Die aufgenommenen Haare gehen mit dem Kot ab oder werden in Klumpen ausgewürgt – beides ist normal. Auf diese Weise pflegt sich die Katze selber und ist auf menschliche Hilfe prinzipiell nicht angewiesen. In Zeiten des Fellwechsels nützt Kämmen und Bürsten allerdings der Katze, und die Haare in der Wohnung halten sich in Grenzen.

Von dieser Regel gibt es zwei bemerkenswerte Ausnahmen. Die Langhaar- und Semi-Langhaarkatzen müssen täglich (!) gründlich gekämmt und gebürstet werden. Wer dazu weder Zeit noch besondere Lust hat, sollte unbedingt nur eine Kurzhaarkatze halten.

Die zweite Ausnahme betrifft kranke oder sehr unglückliche Tiere. Wenn durch körperliche oder seelische Leiden die Eigenpflege wegfällt, wirkt die Katze sofort heruntergekommen. Stumpfes Fell, verklebte Augen, verkrustetes Näschen, kotverschmiertes Hinterteil – das deutet auf Krankheit hin und verschlimmert den Zustand ständig. Die Katze fühlt sich zutiefst unglücklich.

Der Grund: Sie spürt instinktiv, daß sie in diesem Zustand nicht jagdfähig ist, in der Natur also verhungern müßte. Daher benötigt sie nun, zusätzlich zur Pflege, besonders viel liebevolle Zuwendung, damit ihre Urangst vergeht.

Der Mensch muß versuchen, für eine Weile die Körperpflege zu übernehmen. Erste Regel: So sanft wie möglich vorgehen, keine Gewalt und keine stark riechenden Mittel anwenden. Zweite Regel: Keine Überpflege betreiben, im Zweifelsfall den Tierarzt um Rat fragen.

Verkrustete Näschen und Augen reinigt man mit einem Läppchen – keine fusselnde Watte! –, das in lauwarmen Kamillentee oder verdünnten Kamillenextrakt getaucht wurde. Ätherische Öle (Pfefferminzöl oder ähnliches) sind verboten, da sie die Katze quälen. Ein kotverschmiertes Hinterteil kann

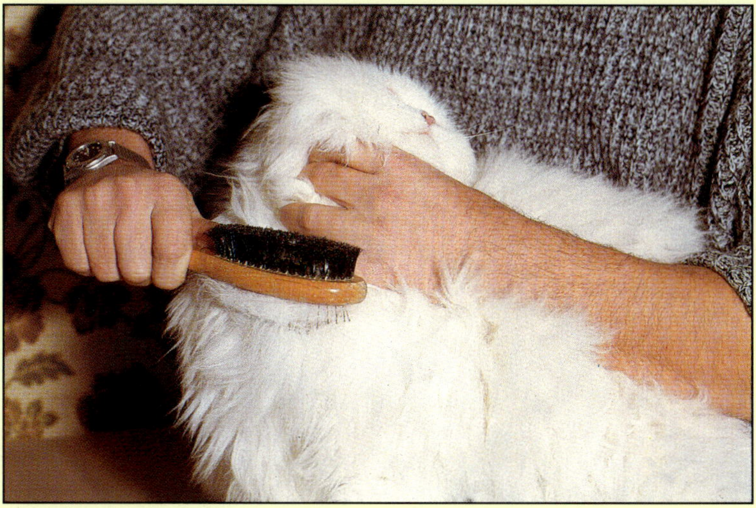

Erst der Kamm; die Bürste leistet dann Feinarbeit, lose Haare bleiben in ihr hängen.

sanft mit neutral riechender Seifenlösung abgewaschen werden. Wenn es irgendwie geht, vermeiden Sie ein Vollbad. Die Ohren reinigt man mit Spezial-Reinigungsmitteln für Katzen. Das Fell wird gekämmt und dann gebürstet.

Gut durchgeführt, läuft eine solche Körperpflege, etwa bei einem Kätzchen mit Katzenschnupfen, so ab wie eine Schmusestunde.

Es gibt Katzenbesitzer, die ihre gesunden Lieblinge aus starkem Pflegedrang heraus täglich regelrecht malträtieren. In den Ohren wird mit Wattestäbchen gebohrt (ohnehin verboten!), die Augen werden grundlos ausgewischt, der Po mit Reinigungsmitteln abgeputzt und das Gebiß visitiert. Diese Überpflege kann der Übergang zu ungewollter Tierquälerei sein!

Erziehung

Es gilt als allgemein bekannte Tatsache, daß man Katzen nicht erziehen oder gar dressieren kann. In dieser krassen Form läßt sich diese Ansicht aber nicht aufrechterhalten. Immer wieder gibt es Beispiele für Katzen, die sehr wohl Befehlen – besser: menschlichen Anregungen – folgen. Sie parieren auch in entsprechenden Situationen; allerdings nicht immer und nicht bei jedem.

Katzen sind ohne Frage kluge Tiere mit einer erstaunlichen Lernfähigkeit. Man kann also überhaupt nicht einsehen, weshalb sie nicht dem menschlichen Willen folgen sollten. Und doch tun sie es nur selten. Weshalb? Ihre großen Verwandten, die Löwen und Tiger, sieht man schließlich so oft gehorsam im Zirkus.

Dieser Vergleich ist nicht zulässig, denn Löwen und andere Großkatzen lassen sich erheblich leichter dressieren als unsere Stubentiger. Sie stehen in einem starken Spannungsverhältnis zum Menschen. Nähert er sich ihnen, so weichen sie zurück (Fluchtdistanz). Wird diese Distanz unterschritten, so folgt der Angriff. Schon aufgrund dieser einfachen Gesetze, verbunden mit einem ungewöhnlichen Einfühlungsvermögen, kann ein Dompteur Löwen dirigieren/dressieren.

Bei Hauskatzen ist es anders, sie lernen von der Geburt bis zum Tode. Neue Erfahrungen werden geschickt verarbeitet, man paßt sich an. Aus diesem Grund jagen, fangen und lieben Katzen im Großstadtdschungel, im Wald, auf Südseeinseln und im kalten Norden die unterschiedlichste Beute. Sie kommen in Luxuswohnungen zurecht, auf Bauernhöfen und sogar im Katzenhaus des überfüllten Tierheimes. Diese Anpassungsfähigkeit an unterschiedliche Situationen darf man mit Fug und Recht als Intelligenz bezeichnen.

Prinzipiell müßte man Katzen deswegen auch gut dressieren können – aber, sie haben so ihre Eigenheiten! Wenn eine Katze ein Verhalten erst einmal als zweckmäßig erkannt hat, so geht sie kaum wieder davon ab. Auf diesem Sessel muß sie liegen – nicht auf dem anderen, zu dieser Zeit wird gepirscht – nicht später. Damit werden manche Menschen zur Verzweiflung gebracht, die über die unglaubliche Dickköpfigkeit und Pedanterie der Katze klagen.

Die Katze hat also zwei ausgeprägte Eigenheiten: Freies Lernen in neuen Situationen und zähes Festhalten am einmal als richtig Erkannten. Dieses Konzept mag widersprüchlich erscheinen, ist aber nur konsequent. Nur so war die Katze befähigt, in den verschiedensten Situationen nicht nur zu überleben, sondern sich auch erfolgreich zu behaupten.

Daraus läßt sich eine Grundregel für die Katzenerziehung ableiten: Man muß erst eine neue Situation schaffen, um die Katze wieder lernbereit zu machen. Dafür einige Beispiele:

Katzenbesitzer wundern sich immer wieder, wie ihre eigenwillige Katze, die sich daheim kaum anfassen läßt, beim Tierarzt pariert. Er schaut ihr in die Ohren, mißt die Temperatur im Darm und gibt sogar eine Spritze. In ihrer Wohnung würde sie bei solchen Ansinnen kurz drohen, dann blitzschnell zuschlagen oder beißen. Natürlich besitzt der Tierarzt großes Einfühlungsvermögen und ein bestimmtes Auftreten, daneben benutzt er aber noch einen Trick.

Ganz einfach: Das Tier wird auf einen Tisch mit glatter Oberfläche gesetzt. Da kommen dann drei Umstände zusammen. Ungewohnte Umgebung, eine gewisse Höhe und kein Halt für die scharfen Krallen. Sofort wird auf Abwarten geschaltet. Der Tierarzt nutzt bewußt die Gunst der Stunde, und beim zweiten Besuch pariert die Katze ohnehin. Sie hat gelernt: Hier muß ich gehorchen! Daheim ist sie dann wieder eigenwillig wie immer.

Verwöhnte Einzelkatzen kommen auch im Tierheim oft gut zurecht. Die ungewohnte Umgebung verwirrt sie – also erst einmal abwarten. Meist futtern diese Katzen dann ergeben mit vielen aus einem Napf und schließen auch zaghaft Freundschaften. Glücklich daheim, wird der Besitzer dann wieder mit Launen tyrannisiert.

Schnurrende Sofakatzen können sich beim Ausflug ins Revier urplötzlich in scheue Jäger verwandeln. Sie meiden Menschen (Abschußgefahr!), reagieren wildtierhaft und jagen, was sie nur erbeuten können. Daheim springen sie wieder fast jedem auf den Schoß und lieben behagliche Wärme. Je nach Umgebung oder Situation benehmen sie sich also unterschiedlich.

Will man Katzen erziehen, so muß dieses Verhalten berücksichtigt werden. In gewohnter Umgebung und unter vertrauten Menschen ändert eine Katze sich kaum, sie hält an ihren Gewohnheiten fest. Da setzt nun die menschliche Strategie ein.

Sie wollen beispielsweise eine Katze, die freien Auslauf hatte, leinenfähig machen, weil der Autoverkehr gefährlich zugenommen hat. Da würde ich sie zunächst einige Tage daheim halten. Das ist die Veränderung. Dann wird das

Tiger lassen sich von Fachleuten (!) recht gut dressieren.

Brustgeschirr angelegt, und sie kommt bei schönem Wetter an der Leine heraus. Zunächst führt man sie nicht, sondern folgt ihr dezent. Diese Übung wird langsam ausgedehnt.

Änderungen des Tagesablaufes – andere Fütterungszeiten, Näpfchen/Toilette an anderer Stelle, Lieblingsplatz verschieben – sind einfacher durchzusetzen, wenn die Katze aus der Tierpension nach Hause kommt oder die Wohnung renoviert wurde. Dann sind für das Tier die Karten neu gemischt, Veränderungen werden möglich.

Standard-Hundedressuren, wie z. B. Kommen auf Befehl, Gehen bei Fuß oder Apportieren, sind bei Katzen sehr schwierig, wenngleich auch durchaus möglich. Der Grund: Sie sehen zunächst einfach nicht ein, weshalb man gehorchen muß. Nur mit Lob und kleinen Belohnungen läßt sich einiges erreichen, meist aber nicht so zuverläs-

Ein formvollendeter Sprung, doch läßt sich die Katze dazu nicht zwingen.

sig wie bei Hunden. Schimpfen und Strafen sind völlig sinnlos. Insofern ist Katzendressur auch und vor allem eine Charakterfrage des betreffenden Menschen. Immer stellt sich zunächst die Frage, ob eine derartige Dressur überhaupt sinnvoll ist . . .

Zirkusreife Katzendressuren sieht man nur recht selten. Zuletzt hat mir eine im Moskauer Staatszirkus sehr imponiert. Da geht einem Tierfreund beim Zuschauen das Herz auf! Die Dompteure verstehen es offensichtlich sagenhaft, der Katze das Gefühl zu vermitteln, sie folge ihrem eigenen Willen. Die Kunststücke (balancieren oder hangeln an Balken, springen von Podest zu Podest, klettern) sind ausnahmslos tiergerecht. Nie fällt ein hartes Wort, die Katzen spielen sozusagen auf Kommando. Wenn alle Tierdressuren so ablaufen würden, hätten die Tierschützer eine Sorge weniger!

Katzen und andere Geschöpfe

Die Katze lebt nicht allein auf dieser Welt. Wie jedes andere Geschöpf ist sie in ein Beziehungsnetz eingebunden, das sie mit Beutetieren, Feinden, Freunden und Partnern verbindet. Es lohnt sich, auf diese Beziehungen einzugehen, da so das Verständnis für Katzen wächst und Haltungsfehler vermieden werden können.

Katzen und Menschen

Der Mensch ist – ganz nüchtern betrachtet – für die Hauskatze weder Beute noch Feind. Er hat aber die angenehme Gewohnheit, sich warme Höhlen zu bauen und Vorräte anzuhäufen. Damit bietet er der Katze eine passable Wohngelegenheit mit Jagdrevier (in ländlichen Gegenden), da die Vorräte Nager anlocken.

Weil viele Menschen Katzen mit Recht bewundern, läßt sich ganz gut mit ihnen zusammenleben. Sie treten nicht als Nahrungskonkurrenten auf und mischen sich nicht in die komplizierten kätzischen Partner- und Liebesbeziehungen ein. Man kann sie als Katze richtig gern haben, zuweilen sogar eine Freundschaft mit ihnen eingehen.

Menschen beweisen häufig eine erstaunliche Lernfähigkeit, ja Intelligenz. Nach dezenten Hinweisen steuern sie im Supermarkt zielsicher das Regal mit der besten Futtersorte an, plazieren die Katzentoilette auf den richtigen Fleck, wenn die Häufchen oft genug daneben lagen, und stellen den Fernseher leise, sobald sie ein ärgerlicher Blick aus Katzenaugen erreicht.

Zuviel kann man natürlich nicht von Menschen verlangen. Ihre aufgeregt-bellende Sprache muß in Kauf genommen werden, und der ungeschickte Bewegungsablauf läßt sich offenbar nicht verbessern. Sie können sich schlecht entspannen, sooft man es ihnen auf dem Schoß auch vormacht. Ihr Körpergeruch ist nicht immer angenehm, weil sie sich mit den merkwürdigsten Geruchsstoffen einnebeln.

Im großen und ganzen sind Menschen für Katzen aber angenehme Partner; jedenfalls angenehmer als die kätzischen Konkurrenten.

Man muß den Hunden halt ein wenig um den Bart gehen!

Katzen und Hunde

Große Hunde lassen sich zu Katzenjägern abrichten. Erschrekkend oft überraschen sie dann die mit Überlegung fliehenden Katzen, fassen ohne Zögern zu und schütteln ihre Beute heftig. Dabei bricht meist die zarte Wirbelsäule der Katze, und sie stirbt einen schrecklichen Tod. Diese tödliche Angriffstaktik ist aber nicht die Regel. Üblicherweise verharren Hunde vor der buckelnden und fauchenden Katze, werden verjagt oder geben ihr Gelegenheit zur Flucht auf einen Baum.

Wenn sich Hund und Katze das erste Mal begegnen, sind ernste Mißverständnisse die Regel. Der Hund läuft hastig auf die Katze zu – das deutet sie als Angriff. Er wedelt versöhnlich mit dem Schwanz – Schwanzpeitschen geht einem kätzischen Angriff voraus. Die Katze schnurrt zufrieden – der Hund faßt das als drohendes Knurren auf. Also doch Erbfeindschaft zwischen Hund und Katze?

Da unterschätzen Sie aber die Lernfähigkeit dieser klugen Tiere! Wenn Hunde und Katzen bereits als Jungtiere zusammen spielen konnten oder unter menschlicher

Aufsicht die erste Bekanntschaft machten, so sieht es schon anders aus. Die Sprache des Partners wird schnell gelernt, und man gewöhnt sich aneinander. Die Spanne reicht von gegenseitiger Achtung bis zu echter Freundschaft. Selbst katzenscharfe Jagdhunde können in der häuslichen Gemeinschaft die vertraute Katze dulden.

Zuweilen gibt es rührende Freundschaften zwischen großen Hunden und zarten Katzen. Katzen können auch »Unarten« der Hunde übernehmen und z. B. hastig mit diesen aus einem Napf schlingen. Andererseits rekeln sich Hunde auf dem Brokatsofa, wenn die Katze das darf.

Zusammenfassend läßt sich sagen, daß Hunde und Katzen in der häuslichen Gemeinschaft problemlos zusammen gehalten werden können, wenn das Zusammenleben geduldig eingeübt worden ist.

Katzen und Katzen

Das Verhältnis von Katzen zu anderen Katzen ist immer mehr oder weniger problematisch. Natürlich gibt es Fälle, wo mehrere Katzen zusammen in der Wohnung leben.

Achtung – Konkurrent im Anflug!

Wurfgeschwister, die Mutterkatze mit einigen ihrer Jungen – das mag gutgehen. Deshalb werden vernünftigerweise auch zwei Katzen von Anfang an zusammen gehalten, wenn der Besitzer häufig außer Haus ist. Sie können sich dann miteinander beschäftigen.

Ein wahres Drama spielt sich jedoch ab, wenn plötzlich eine neue Katze in die vertraute und gut eingespielte Gemeinschaft Katze – Mensch einbricht. In guter Absicht wird ein vermeintlicher Spielgefährte angeschafft. In aller Regel geht das aber schief. Die alte Katze ist beleidigt, die neue verängstigt, der Mensch ratlos. Plötzlich findet er Häufchen auf dem Teppich, das Futter wird abgelehnt, Durchfall tritt auf, und das Wesen der Katze verändert sich völlig.

Also größte Vorsicht, wenn etwa eine zweite Katze angeschafft werden soll! Allenfalls Jungkatzen werden von verträglichen Alttieren akzeptiert.

Anders sieht es aus, wenn die Haltung mehrerer Katzen nicht zu umgehen ist. Ich denke dabei an die stets überfüllten Tierheime oder an private Katzenfreunde, die Findlinge aufnehmen. In solchen Notsituationen herrschen andere Gesetze. Die klugen Katzen stellen sich überwiegend darauf ein und halten eine Art Burgfrieden. Das darf allerdings nicht zu der Annahme verleiten, es ginge ihnen gut. Sie finden sich halt nur mit ihrem Schicksal ab und hoffen innig auf bessere Zeiten.

Der Anblick der Individualistin Katze in einem Gemeinschaftskäfig ist für jeden Tierfreund sehr traurig. Alle Bestrebungen sollten darauf hinlaufen, es zu einer solchen Fülle gar nicht erst kommen zu lassen (Fruchtbarkeitsregelung!) oder den unwürdigen Zustand bald zu beenden.

Katzen und Kleintiere

Mir sind Wohnungen bekannt, in denen Zwergkaninchen herumhoppeln, im offenen Gehege Meerschweinchen quieken, der Goldhamster abends Freigang hat und Wellensittiche munter herumfliegen.

Wer in eine solche Idylle eine gesunde und erwachsene Katze bringt, darf mit deren Dankbarkeit rechnen. In Ruhe oder überhastet – je nach Temperament und jagdlicher Erfahrung – wird sie sich an diesem reich gedeckten Tisch bedienen! Glauben Sie bitte nicht, die Katze würde nach Ermahnung »brav« sein und den Burgfrieden wahren. Jede andere Reaktion als die Jagd auf Ihre kleinen Lieblinge wäre unnatürlich und bedenklich.

Also nie Kleintiere zusammen mit Katzen halten?

So ausschließlich kann man das nicht sagen. Säugende Mutterkatzen lassen sich erstaunlich viel Getier (junge Kaninchen, Eichhörnchen, selbst Ratten und anderes) anlegen und nehmen sie an

Kindes Statt an – manchmal, aber nicht immer!
Wenn nun junge Kätzchen mit anderen Geschöpfen zusammen aufwachsen, werden diese später meist (!) nicht als Beute betrachtet. Das wurde z. B. experimentell mit Ratten gemacht. Mit Geduld lassen sich kleine Kätzchen daher auch an Kaninchen und Meerschweinchen gewöhnen. Ich habe schon Bilder gesehen, wo Mäuse auf Katzen turnen und sich der Wellensittich auf ihren Kopf setzt. Katzen sind eben klug und erahnen, was man von ihnen erwartet.
Meine Meinung: Mit Katzen ist alles möglich. Sie können sich auch an kleine Heimtiere gewöhnen, die in der Natur willkommene Beute wären. Verlassen würde ich mich auf dieses Verhalten im Interesse der anderen Tiere aber nicht und Katzen lieber nicht in Versuchung führen!

Menschen und Katzen

Menschen sind launische und unberechenbare Wesen, man tut meist gut daran, sie sich vom Leibe zu halten. Das wird sehr deutlich in dem unterschiedlichen Verhalten der Menschen den Katzen gegenüber.
In ihrer Urheimat Ägypten wurden die Katzen regelrecht vergöttert. Krankheit oder Tod einer Katze führte zur Familientrauer. Katzen waren streg geschützt, und wer sie absichtlich oder unabsichtlich tötete, wurde streng bestraft. Erinnert sei an die schöne Katzengöttin Bastet, die Freude und Fruchtbarkeit verkörperte.
Im Mittelalter kam es in Europa zu einer dramatischen Wende in der Einstellung der Menschen zu Katzen. Unter unrühmlicher Beteiligung der christlichen Kirche galt die Katze jahrhundertelang als Verkörperung des Bösen. Speziell schwarze Katzen dienten als Manifestation des Teufels, und angebliche Ketzer gaben unter der Folter zu, groteske Orgien mit Katzen getrieben zu haben. Die Katze galt der Kirche als Sündenbock, und es war äußerst verdienstvoll, sie zu quälen und zu töten.
Nun werden Sie sich erstaunt die Augen reiben. Die Katze hat den Hund als beliebtestes Haustier doch längst überrundet. Man stellt den 3,8 Millionen Hunden 4,1 Millionen Katzen (mit hoher Dunkelziffer!) gegenüber. Das ist richtig, bezieht sich aber nur auf die jüngste Zeit. Noch im 19. Jahrhundert wurde die Katze vielfach als heimtückisch geschmäht.
Und heute? Wohl niemand steht Katzen völlig gleichgültig gegenüber. Die Gemeinde der Katzenfreunde und -liebhaber ist groß und wächst ständig. Es gibt aber immer noch Katzenhasser, und krankhaft veranlagte Sadisten vergreifen sich bevorzugt an diesen Tieren. Mir sind Fälle zu Ohren gekommen, wo mehrfach zahme schwarze Katzen spurlos ver-

Bin ich ein Dämon, ein Geschöpf des Satans? Nein, bloß eine kleine Miezekatze.

schwunden sind – ein Hinweis auf den »modernen« Hexen- und Satanskult?
Wie auch immer, der Mensch hat Katzen vergöttert und verteufelt, hingebungsvoll geliebt und sadistisch gequält. Selbst in ihrer Beziehung zum Menschen ist die Katze eben ein geheimnisvolles Geschöpf mit vielen Facetten.

Krankheiten und Leiden

Katzen sind außerordentlich robust (»Die Katze hat sieben Leben!«) und gleichzeitig hochgradig empfindlich. Dieser scheinbare Widerspruch ist relativ leicht aufzuklären. Bei Verletzungen, auch schlimmster Art, beweisen Katzen eine ungewöhnliche Zähigkeit. Wunden heilen recht schnell, und das Tier macht wenig davon her.

Anders sieht es bei Infektionskrankheiten und seelischen Leiden aus. Katzen sind davon stark betroffen und sehr gefährdet. Sicherlich wird ein verantwortungsvoller Katzenhalter bei jeder ernsten Erkrankung den Tierarzt aufsuchen. An dieser Stelle sollen aber einige allgemeine Ratschläge gegeben werden.

Verletzungen

Katzen werden leider häufig durch Autos angefahren (vgl. S. 71), erleiden Schußverletzungen oder Bisse. Ein Knochenbruch äußert sich in aller Regel als starke Lahmheit, bei inneren Verletzungen wirken die Tiere schwerkrank. Keine

Das war schlimm! Nun heilt die Wunde aber schnell; der Kragen verhindert das Lecken.

Frage, in solchen Fällen muß der Tierarzt rasch helfen.
Anders sieht es bei kleineren Wunden aus. Die Heilungsaussichten sind immer dann gut, wenn der Patient sich selber lecken kann. Gelegentlich übernimmt das ein Spielkamerad. Um Verklebungen zu vermeiden, sollten die Haare in der Umgebung der Wunde mit einer scharfen Schere großzügig entfernt werden.
Ist das Lecken nicht möglich, z. B. bei Bißverletzungen im Nacken,

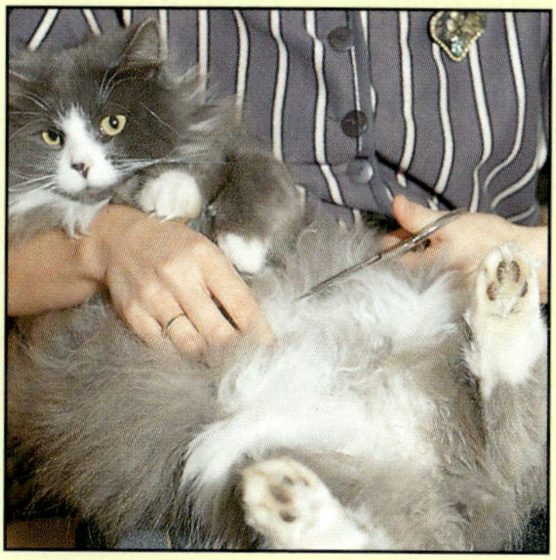

Die Wundbehandlung beginnt mit sorgfältigem Entfernen der umliegenden Haare.

schneidet man ebenfalls die Haare ab und versorgt die Stelle mit einem guten Wundpuder. Bitte nie versuchen, Verbände anzulegen; sie halten doch nicht, stören den Heilungsverlauf und irritieren den Patienten.
Eine Grundregel gilt auch bei Verletzungen: Wenn sich der Allgemeinzustand der Katze verschlechtert (Appetitverlust, Teilnahmslosigkeit), spricht das für eine Infektion, und nur der Tierarzt kann helfen.
Ansonsten sind kleinere Verletzungen kein Drama, sie heilen meist mit äußerst geringer Narbenbildung ab.

Infektionskrankheiten

Für die Katze spielen besonders Virusinfektionen eine unheilvolle Rolle. Die Übertragung erfolgt in aller Regel von Tier zu Tier, doch auch einzeln lebende Wohnungskatzen sind nicht völlig gefeit. Die Erreger können durchaus durch menschliche Besucher eingeschleppt und übertragen werden. Ganz grob kann man akut und chronisch verlaufende Virusinfektionen unterscheiden.

Katzenschnupfen

Außerordentlich häufig ist der akut verlaufende Katzenschnupfen, dessen harmloser Name täuscht. An ihm sterben die meisten der Kätzchen, die unter ungünstigen Bedingungen irgendwo von einem halbwilden Muttertier abgesetzt wurden. Bei guter häuslicher Pflege und intensiver Behandlung kann man viele Erkrankte retten. Leider bleiben aber häufig hartnäckige Folgekrankheiten (tränende Augen, Speichelfluß) zurück. Daher ist die Schutzimpfung dringend anzuraten.

Katzenseuche

Die hochakute Katzenseuche befällt Jungkatzen und ältere Tiere. Die meisten der Infizierten sterben daran unter Qualen. Eine Behandlung ist möglich, leider aber nicht immer erfolgreich. Daher sollte großer Wert auf die Schutzimpfung gelegt werden.

Ein kleiner Stich – die Impfung bringt langen Schutz.

Katzenleukose

Die Katzenleukose (felines Leukose-Virus, FeLV) hat unter Katzenfreunden einen traurigen Ruf; sie gilt als häufigste Katzenkrankheit. Infizierte Tiere kränkeln über Jahre hinweg. Die Diagnose ist nur durch eine tierärztliche Blut- oder Speicheluntersuchung zu stellen. Eine ursächliche Behandlung ist nicht möglich. Seit einigen Jahren befindet sich ein Impfstoff im Handel.

Katzen-Immunschwäche

Mit dem unglücklichen Namen »Katzen-Aids« wurde eine weitere Virusinfektion, die Katzen-Immunschwäche (felines Immunschwäche-Virus, FIV), von Laien belegt. Unglücklich deswegen, weil man an eine Übertragung auf Menschen denken könnte, was nicht zutrifft. Wie bei der Leukose kränkeln die infizierten Katzen und sterben irgendwann an einer banalen Infektion. Auch hier ist keine ursächliche Behandlung möglich, für andere Katzen im Haus besteht Ansteckungsgefahr. Einen Impfstoff gibt es noch nicht.

Bauchfellentzündung

Die ansteckende Bauchfellentzündung (feline infektiöse Peritonitis, FiP) wird ebenfalls durch ein Virus verursacht. Diese Infektion verläuft außerordentlich langsam, schleichend. Die Tiere wirken unlustig, sind zeitweise appetitlos. Derartigen Krankheitsphasen folgen aber meist wieder längere Perioden, in denen sie gesund wirken. Nur in der Hälfte der Fälle kommt es zu der typischen Bauchwassersucht.

Die Erkrankung ist nicht heilbar, und es gibt noch keinen Impfstoff. Der Tierarzt kann allerdings langdauernde Besserungen erzielen. Es mag ein Trost sein, daß keine Schmerzen auftreten. Das nahende Ende kündigt sich durch wochenlange Appetitlosigkeit und Teilnahmslosigkeit an.

Tollwut

Diese für Mensch und Tier nach Krankheitsausbruch tödliche Virusinfektion ist ein Sonderfall. Alle Katzen, die draußen herumstreifen und damit mit tollwutkranken Tieren in Kontakt kommen könnten, sollten geimpft werden. Damit schützen Sie Ihre Katze und auch sich selber. Es ist falsch, wenn man hört, daß geimpfte Katzen die Tollwut nach Raufereien mit tollwütigen Tieren durch deren Blut und Speichel übertragen könnten. Diese theoretische Möglichkeit spielt in der Praxis keine Rolle. Es müßte schon eine erhebliche Virusmenge – etwa durch einen Biß – in den Körper eindringen. Das Risiko der Infektion durch ein ungeimpftes Haustier ist wesentlich größer, weil es sich unbemerkt infizieren kann und klinisch erkrankt.
Die Impfbescheinigung ist bei Auslandsreisen mit der Katze wichtig. Außerdem bewahrt sie geimpfte Tiere bei Tollwutverdacht vor der amtlich angeordneten Tötung.

Vergiftungen

Jeder Katzenbesitzer ist um die Gesundheit des ihm anvertrauten Pfleglings besorgt. Neben Krankheiten und Unfällen fürchtet er Vergiftungen. Es ist bekannt, daß Katzen auf die verschiedensten Stoffe äußerst empfindlich reagieren. In dieser Hinsicht nimmt ihr Stoffwechsel eine Sonderstellung ein. So bekommen sie nach dem eigentlich beruhigenden Morphium schwerste Erregungszustände und sterben nach den kleinsten Mengen Phenol – um nur zwei Beispiele zu erwähnen.
Eine plötzlich auftretende Veränderung des Allgemeinzustandes, verbunden mit Speicheln, Erbrechen oder Krämpfen führt zur Verdachtsdiagnose Vergiftung. Stirbt das Tier gar, so erhärtet sich die Vermutung zur scheinbaren Gewißheit.
Natürlich kann es eine Vergiftung sein. In aller Regel wird es sich aber um eine akut verlaufende Erkrankung handeln. Leider sind Krankheits- und Vergiftungszei-

Überblick über die Infektionskrankheiten der Katze, gegen die geimpft werden kann.

Erkrankung	Verlauf	Schutzimpfung
Katzenschnupfen	akut	jährlich
Katzenseuche	akut	alle 2 Jahre
Katzenleukose	chronisch	jährlich
Tollwut	akut	jährlich

chen recht ähnlich. Selbst der Fachmann hat alle Mühe, in derartigen Fällen eine genaue Diagnose zu stellen. Klar gesagt: Die vorsichtige Katze leidet relativ selten an Vergiftungen!
Trotzdem muß auf dieses Thema eingegangen werden, da der Vergiftungsverdacht außerordentlich häufig ist. Grundsätzlich sind vier Ursachen für Vergiftungen denkbar.

Medikamente, Parasitenmittel

Tierärzte lernen mit großer Sorgfalt, welche Substanzen von Katzen vertragen werden. Im Zweifelsfall geht man sicherheitshalber von Unverträglichkeit aus. In aller Regel geben die Hersteller präzise an, ob ihr Produkt auch für Katzen geeignet ist.
Leider kommt es immer wieder zu ernsthaften Vergiftungen, weil fürsorgliche Katzenbesitzer ihre Patienten mit Mitteln aus der eigenen Hausapotheke traktieren. Wenn sich daraufhin das Befinden verschlechtert, wird endlich der Tierarzt geholt. Dem sagt man aus Scham aber meist nicht, was vorher gemacht wurde. Der unglückliche Kollege steht dann vor einer schier unlösbaren Denksportaufgabe zu Lasten des Tieres.
Bei Parasitenpräparaten – sei es gegen Flöhe oder Würmer – gilt die strikte Regel: Nur Mittel für Katzen verwenden! Auf der Packung muß deutlich stehen, daß Katzen damit behandelt werden dürfen. An insektiziden Bädern, die für alle übrigen Haustiere geeignet sind, ist schon manche Katze elendig gestorben.

Zimmerpflanzen

Die feinen Sinne der Katze bewahren sie in freier Natur zuverlässig davor, ungeeignete oder gar giftige Pflanzen aufzunehmen. In einer langweiligen Wohnung ist das anders!
Man knabbert hier und dort an Blumen und Pflanzen herum, um sich Beschäftigung zu verschaffen. Das geht häufig schief. Die Liste der giftigen Zimmerpflanzen ist lang. Erwähnt seien nur Weihnachtsstern, Dieffenbachia, Efeu, Stechpalme, Alpenveilchen, Begonien, Anthurium, Maiglöckchen und Osterglocken.
Die Abhilfe ist in diesem Falle erfreulich einfach und besteht in schlichter Vorbeuge: Katzenfreunde sollten sich von vornherein keine giftigen Gewächse anschaffen. Um der Katze aber die Möglichkeit zur Aufnahme frischer pflanzlicher Kost zu geben, stellt man ihr das bereits erwähnte Katzengras hin. Das kann man im Zoogeschäft erwerben, fix und fertig, mit Schälchen, Nährsubstrat und Samenkörnern. Natürlich nehmen Katzen auch Gerste auf, die Sie in einem Blumentopf zum Keimen gebracht haben.
Wohlgemerkt, es handelt sich um keine Ernährungsgrundlage. Die

Katzen knabbern aber meist gern daran herum, und kurieren auf diese Weise vielleicht kleinere Befindlichkeitsstörungen selber aus.

Gezielte Vergiftungen

Jetzt kommt der böse Nachbar ins Spiel, der immer schon damit gedroht hat, er werde Ihre Katze umbringen. Weil sie ihm seinen Garten »verwüstete«, schwor er im Zorn Rache.
Nun ist die Katze krank oder tot, und der Nachbar bekommt die Schuld.
Im Vertrauen sei gesagt, daß es schon schwer genug ist, Katzen neutral schmeckende Medikamente zu verabreichen. Auch Fachleute hätten wohl Probleme, Katzen unbemerkt Gift zu geben. Da müßte man das Lieblingsfutter kennen und dieses geschickt präparieren – genug, natürlich sollen hier keine Hinweise zum Schaden der Katze erläutert werden.
Insgesamt ist das Risiko einer gezielten Vergiftung bei Katzen wohl gering, der Verdacht wird aber häufig geäußert.

Aufnahme vergifteter Beutetiere

Auch das ist eine Möglichkeit, sie kommt aber selten vor. In erster Linie werden ja Ratten vergiftet, die wiederum nicht zur üblichen Nahrung der Katzen gehören. Auch Mäuse können Rattengift aufnehmen und dann im Todeskampf Beute der Katze werden. Meistens lehnen Katzen den Verzehr dieser geschädigten Tiere aber ab. Bei dem häufigsten Gift – Kumarin, das die Blutgerinnung aufhebt – müßten die Katzen schon mehrere entsprechend vergiftete Mäuse aufessen.
Auch die Aufnahme vergifteter Beutetiere kommt also vor, ist aber selten.

Vorgehen bei Vergiftungen

In medizinischen Ratgebern für Menschen findet man meistens Hinweise für die Erste Hilfe bei Vergiftungen. Da soll man Salzwasser einnehmen, Milch, Kohle und ähnliches. Bitte versuchen Sie dergleichen nicht bei Ihrer Katze! Für die kranken Tiere wäre das eine üble und in den meisten Fällen sinnlose Quälerei!
Fast nie kann man sicher sein, daß es sich wirklich um eine Vergiftung handelt, fast nie kennt man das Gift und sein – falls es das überhaupt gibt – Gegengift.
Nein, Vergiftungen gehören sofort und ausnahmslos in die Hand eines erfahrenen Tierarztes. Dieser ist um seine schwierige Aufgabe nicht zu beneiden.

Juristische Aspekte

Wenn das Tier durch eine gezielte Vergiftung zu Schaden gekommen ist, muß der Verursacher bestraft werden. Nur damit kann man auch verhindern, daß er sein schändliches Tun wiederholt. Außer dem seelischen Leid sind meist auch Behandlungskosten durch den Tierarzt entstanden, die ersetzt werden sollten.

Also werden Sie eine Anzeige erstatten, und damit beginnen die Probleme. Aus einschlägigen Krimis wissen wir, daß für eine Anklage handfeste Beweise auf den Tisch müssen. Haben Sie die wirklich parat?

Man muß nachweisen, daß die verdächtigte Person das Gift tatsächlich verabreicht hat. Welches Gift war es denn? Natürlich ist ein Giftnachweis im Tierkörper möglich, der Tierarzt wird das veranlassen. Diese Untersuchungen sind aber teuer, vor allem, wenn nach mehreren Giften gefahndet werden muß. Legen Sie eine Obergrenze fest: Untersuchung auf Rattengift A und Schädlingsmittel B. Sonst bekommen Sie später eine erschreckend hohe Rechnung!

Dann reicht es nicht, daß der Nachbar mit Vergiftung gedroht hat. Sie müssen ihm die Tat beweisen. Falls das nicht möglich ist, kann der Beschuldigte den Spieß umdrehen und Sie wegen übler Nachrede verklagen. Daher ein Rat: Bevor Sie amtliche Schritte unternehmen oder öffentlich darüber reden, sollten Sie sich mit einem Rechtsanwalt Ihres Vertrauens besprechen. Sonst kommt zu dem Schmerz und den Kosten der Behandlung womöglich auch noch ein Verfahren auf Sie zu!

Parasiten

Katzen sind säuberliche Tiere. Den ganzen Tag putzt eine gesunde Katze an sich herum, sie will immer tadellos aussehen. Deswegen eignen sich diese geschmeidigen Jäger auch so gut für die Haltung im menschlichen Heim. Eher bringen die Menschen selber Schmutz mit in die Wohnung, als daß Katzen sie verunreinigen würden. Dies gilt natürlich nur für gesunde Tiere.

Es kommt immer wieder vor, daß Katzenbesitzer mit geradezu panischem Entsetzen reagieren, wenn sie an oder in ihrer gepflegten Katze Parasiten entdecken. Parasiten – man stelle sich das vor! Schon bei der Erwähnung beginnt es einen zu jucken.

Aus der Vielzahl möglicher Untermieter sollen an dieser Stelle die häufigen Flöhe, die Spul- und Bandwürmer etwas ausführlicher besprochen werden. Läuse sind bei Katzen extrem selten, Haarlinge kommen nur bei stark vernachlässigten Tieren vor, Milben führen zur Räude, und die vielen verschiedenartigen Würmer interessieren – außer den erwähnten Spul- und Bandwürmern – nur Fachleute (Parasitologen). Wenn Sie verdienstvollerweise eine Katze aus südlichen Ländern mitgebracht haben, rate ich dringend zu einer Kotuntersuchung durch den Tierarzt. Der kann dann eventuell vorhandene exotische Parasiten behandeln.

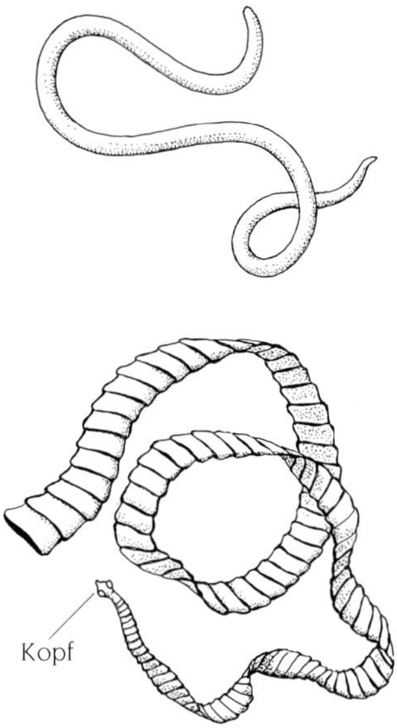

Die drehrunden Spulwürmer (oben) und die gegliederten Bandwürmer (unten) parasitieren im Verdauungstrakt.

Nach der unangenehmen Feststellung von Parasiten an oder in der Katze sollten Sie nicht gleich einen dramatischen Giftkrieg beginnen. Bitte zunächst einmal ruhig überlegen.
Noch unsere Eltern oder Großeltern – vor allem auf dem Lande – lebten munter mit Parasiten zusammen. Immer wieder wurde gelegentlich ein Floh entdeckt, die Kinder hatten Madenwürmer, und ab und an krümmte sich ein Spulwurm im Kot. Bandwürmer kamen vor, wenn man auf Jahrmärkten rohes Mett gegessen hatte.
Diese Zeiten sind vorbei. Dank vorzüglicher Hygiene gehören Parasiten beim Menschen zu den großen Seltenheiten. Wie schön! Ernstzunehmende Wissenschaftler führen die Zunahme von Überempfindlichkeitsreaktionen (Allergien) aber auch darauf zurück, daß wir heutzutage so steril leben. Früher mußte sich das körpereigene Abwehrsystem ständig mit parasitären Angriffen auseinandersetzen. Heute fällt das praktisch weg, dafür reagieren wir überempfindlich auf andere Stoffe. Übrigens keineswegs nur auf Chemie. An der Spitze der allergieauslösenden Substanzen stehen natürliche Nahrungsmittel, wie Gemüse (Sellerie), Früchte, Fisch und Schalentiere.
Nun will ich weder Sie noch Ihre Haustiere zum Parasiten-Schutzgebiet machen. Bei der notwendigen Bekämpfung ist aber weder Angst noch Panik angebracht. Man kann in Ruhe überlegen, was zu tun ist.

Flöhe

Jede Katze, die ungehinderten Ausgang nach draußen hat und dort mit anderen Tieren in Kontakt kommt, bringt Ihnen früher oder später Flöhe ins Haus. Überspitzt könnte man also sagen, daß glückliche Katzen – die Gesellschaft mit anderen haben – auch unter Flöhen leiden.
Flöhe belästigen Katzen, weil sie Juckreiz erzeugen. Der eigentliche

Stich und der minimale Blutverlust sind unbedeutend. Leider gelangt aber Flohspeichel in die kleine Wunde, und nun beginnt sie zu jucken. Auf der menschlichen Haut ist die linsengroße rote Flohstichstelle deutlich sichtbar; im Katzenfell sieht man sie kaum. Besonders empfindliche Tiere bekommen sogar eine allergische Allgemeinreaktion. Flöhe können auch Zwischenwirte eines Bandwurms sein. Kurzum, man wird ihnen den Kampf ansagen.

Trotz der Fülle der angebotenen wirksamen Flohpräparate ist das nicht ganz einfach.

Zunächst einmal begibt sich die Katze selber auf die Flohjagd. Beim Putzen erwischt sie bis zu 50% der auf ihr lebenden Flöhe. Daher kommt es bei gesunden Tieren nie zu einem gefährlichen Massenbefall. Einzelne Flöhe kann man beim Streicheln durchaus selber fangen. Mit einem Stück Klebeband werden sie dingfest gemacht.

Die beliebten Floh-Halsbänder verleiden den Flöhen den Aufenthalt auf der Katze. Sie schützen das Tier besonders vor Überläufern bzw. Überspringern von Artgenossen. Pulver wirken ganz gut, sie lassen sich aber schlecht im ganzen Fell verteilen. Sprays sind eine arge Plage für Katzen, da sie deren zischendes Geräusch scheuen. Besser sind allenfalls die umweltfreundlichen Pump-Sprays. Nur bei starkem Befall ist ein Ungezieferbad angebracht. Diese wirksamste Methode sollte aber nur dann angewendet werden, wenn vernachlässigte Tiere ins Haus kommen. Das Baden ist für Katze und Besitzer eine arge Prozedur und stellt eine große Belastung dar.

Raffiniert wirken Präparate, die entweder als Tabletten eingegeben oder als Flüssigkeit auf die Haut aufgetragen werden. Durch sie wird das Katzenblut zu einem für die Flöhe tödlichen Gift. Beim Blutsaugen bringen sich die kleinen Springer selber um, ohne daß die Katze geschädigt wird.

Es gibt also viele wirksame Methoden zur Flohbekämpfung am Tier. Trotzdem bekommt man in einigen Wohnungen das Flohproblem einfach nicht in den Griff. Das liegt an der Lebensweise der Flöhe. Ihre Fortpflanzung spielt sich nämlich hauptsächlich auf dem Boden ab!

Flohweibchen legen Eier, die auf den Boden rieseln. Daraus entwickeln sich Larven. Die ernähren sich von menschlichen Hautschuppen, die auf den Boden fallen, und anderem organischen Material. Vom Tier gelangt auch Flohkot – nichts anderes als halbverdautes Blut – auf den Boden. Für die Larven ist das eine Leckerspeise. Dann verpuppen sich die Lärvchen in einem Kokon aus Flohseide. Daraus schlüpfen bald hungrige Flöhe, die sich einen Wirt suchen. Daher kommt also der Nachwuchs, wenn sich der Giftkrieg auf dem Tier ausgetobt hat.

Ein solcher Entwicklungszyklus

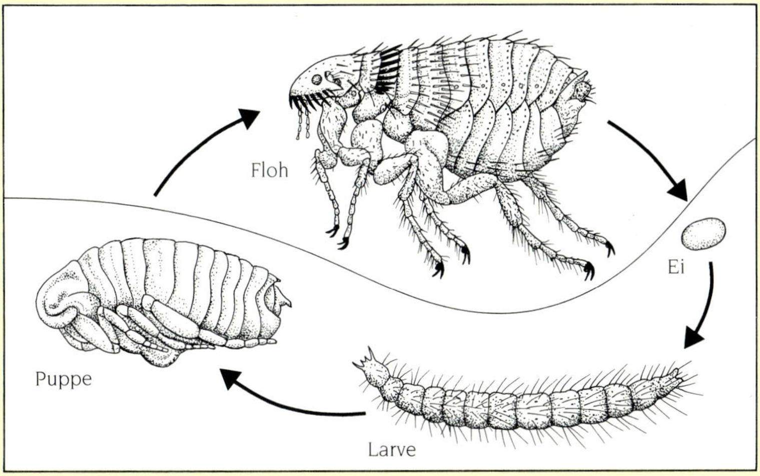

Entwicklungszyklus des Flohs. Nur erwachsene Flöhe leben auf der Katze, der Rest der Entwicklung findet am Boden statt.

dauert um die 20 Tage; bei idealen Bedingungen (warm und feucht) auch etwas kürzer, bei Kälte und Trockenheit erheblich länger (bis zu 190 Tage). Dagegen kommen Sie mit der Jagd auf die erwachsenen Flöhe also wirklich nicht an.

Daher ist Bodenbehandlung angesagt. Ein wirksames Mittel ist der Staubsauger. Behandeln Sie die Liegeplätze der Tiere mit der Fugendüse. Das halten Eier, Larven und Puppen nicht aus. Zusätzlich bietet der Handel spezielle Bodensprays an. Wichtig: Sie sind nicht für die Katzen, sondern nur für den Boden geeignet. Mit Staubsauger und Bodenspray wird der Entwicklungszyklus der Flöhe an entscheidender Stelle unterbrochen. Ein einzelner Floh sollte Sie nicht schrecken, Massenbefall darf man aber nicht dulden.

Zum Abschluß die Frage, ob Katzenflöhe denn auch an Menschen gehen. Gewiß, Flöhe sind nicht – wie etwa Läuse – tierartspezifisch. Daher springen sie bei engem Kontakt auch schon einmal auf Menschen über. Die können ihnen aber nicht viel bieten: Merkwürdig riechende glatte Haut, die zusätzlich öfter Wassergüssen ausgesetzt wird. Nach einigen Probeschlucken Blut fliehen die Plagegeister ins nächste kuschelige Tierfell. Im Ernst: Tierflöhe werden für Menschen eigentlich nie ein Problem. Das nächste Duschbad werden sie kaum überstehen!

Spulwürmer

Spulwürmer kommen bei Katzen relativ häufig vor. Die pfriemförmigen, etwa fingerlangen Würmer wird man gelegentlich im Katzenkot entdecken. Der Tierarzt kann die zahlreichen Eier im Kot nachweisen. Spulwürmer schädigen den Wirt durch den Entzug wertvoller Nahrungsbestandteile. Bei Jungkatzen können sie ausgesprochen gefährlich werden.

Es gibt heute hochwirksame und für die Katzen ungefährliche Präparate in Pastenform. Sie werden einfach unter das Futter gemengt und somit auch von empfindlichen Tieren gut aufgenommen.

Ihre Wirkung erstreckt sich allerdings nur auf die im Darm befindlichen erwachsenen Würmer. Die im Körper wandernden Wurmlarven werden bisher noch von keinem Wurmmittel erfaßt. Daher muß eine Spulwurmkur immer zweimal, im Abstand von einer Woche durchgeführt werden.

Da die Präparate preiswert und ungefährlich sind, rate ich zu einer routinemäßigen Behandlung, etwa vierteljährlich. Auf jeden Fall sollte die übliche Doppelbehandlung vor jeder Schutzimpfung durchgeführt werden. Würmer kosten den Körper Kraft, die für den Aufbau der Antikörper dringend benötigt wird.

Bandwürmer

Einen Bandwurmbefall sehen erfahrene Katzenhalter ihren Tieren meist schon äußerlich an. Sie magern bei erhaltenem oder verstärktem Appetit ab und wirken etwas lustlos. Das kommt durch den Entzug von Nahrungsbestandteilen und die Giftstoffe der Würmer. Bei genauerer Beobachtung entdeckt man in der Aftergegend am Fell festgeklebte Wurm-Glieder (Proglottiden). Auch auf dem Kot sitzen diese Glieder, die wie kleine weiße Nacktschnecken aussehen und sich in frischem Zustand schwach bewegen.

Alle Bandwürmer benötigen für ihre Entwicklung einen Zwischenwirt. Beim Katzenbandwurm ist es die Feldmaus. Eifrige Mäusefän-

Die drei wichtigsten Parasiten der Katze im Überblick.

Parasit	Diagnose	Krankheitswert	Behandlung
Floh	Flöhe im Fell, Flohkot im Fell	gering	am Tier, am Boden
Spulwurm	Würmer im Kot, Wurmeier im Kot	bei Erwachsenen gering, bei Jungtieren hoch	zweimalige Behandlung
Bandwurm	Magerkeit, Wurm-Glieder am After oder auf Kot	mäßig	einmalige Behandlung mit Spezialmittel

Eine drohende Wildkatze. Wurde Ihre Katze unvermittelt auch so aggressiv?

ger bekommen also immer wieder einmal einen Bandwurm. Seltener wird der Hundebandwurm durch infizierte Flöhe auf Katzen übertragen.

Die Zeiten sind glücklicherweise vorbei, wo Bandwurmpräparate praktisch starke Abführmittel waren, die den Wurm mit wechselndem Erfolg durch verstärkte Darmbewegungen herausschafften. Die Kur war dadurch ein sehr belastender Vorgang. Moderne Präparate haben praktisch keine Nebenwirkungen mehr und töten die Würmer schon nach einmaliger Gabe zuverlässig ab. Da die Bandwurmmittel aber einerseits nicht ganz billig sind und Bandwurmbefall andererseits nicht sehr häufig ist, kann ich eine routinemäßige Behandlung nicht empfehlen.

Seelische Leiden

Die eine Katze wird plötzlich unsauber, macht in alle Ecken. Eine andere leidet vorübergehend an Durchfall oder wird unvermittelt aggressiv. Diese und andere Erscheinungen können natürlich krankhaft bedingt sein. Daher ist eine gründliche tierärztliche Untersuchung wichtig.

In vielen Fällen sind die Ursachen aber im seelischen Bereich zu sehen. Da liegt nämlich der eigentliche Schwachpunkt bei Katzen. Diese selbstbewußten Tiere nehmen es außerordentlich übel, wenn man es ihnen irgendwie nicht recht macht. Schon ein Umstellen der Möbel kann sie verärgern, ebenso veränderte Futterzeiten oder gar ein neues Familienmitglied. Die Katze zieht sich zurück oder wird bissig, bekommt Heißhunger oder fastet, sie spritzt in alle Ecken oder setzt sogar ein Häufchen aufs Bett.

Da kann der Tierarzt kaum helfen. Der Besitzer muß schon selber herausfinden, was der Katze so mißfällt. Diese seelischen Leiden sind durchaus ernst zu nehmen. Eine Katze kann an ihrem Kummer sterben! Davon wissen Tierpensionen zu berichten. Es kommt dort immer wieder vor, daß Pfleglinge trotz guter Haltung hartnäckig das Futter verweigern und vor Gram körperlich erkranken.

Der gefährlichste Killer: Autoverkehr

Katzen wurden vom Schöpfer nahezu ideal auf den Überlebenskampf vorbereitet. Bei drohender Gefahr gehen sie besonnen vor; die Flucht in Panik ist nicht Katzenart. Zunächst wird einmal festgestellt, worum es sich überhaupt handelt. Dann folgt die Entscheidung, ob sich eine Verteidigung lohnt oder die rasche Flucht vorzuziehen ist.

Diese Strategie bewährt sich gegen angreifende Hunde und freche Katzenrivalen recht gut. Es ist zuweilen direkt belustigend zu sehen, wie lässig und elegant sich eine Katze vor dem ungestüm anbrausenden Hund in Sicherheit bringt.

Leider hat die Natur unsere Katzen aber nicht für den modernen Straßenverkehr mit seinen unbiologischen Geschwindigkeiten eingerichtet. Er fordert mehr Katzenopfer als alle schlimmen Krankheiten zusammen.

Immer wieder die gleiche schreckliche Situation: Eine Katze überquert bedachtsam die Straße. Da naht ein Auto, das Tier sichert. Ohne eine Chance zum Reagieren wird es erfaßt, ein dumpfer Aufprall – das ist meist das Ende. Stirbt die Katze nicht sofort, so kommt es zu schweren Verletzungen, an denen das Opfer meist irgendwo im Feld verendet.

Die vielen toten Katzen entlang unserer Straßen sprechen eine eindeutige Sprache: Der Straßenverkehr ist der gefährlichste Katzenkiller!

Es gibt Risikozonen, in denen die freie Katzenhaltung nicht zu verantworten ist. Dazu zählen Siedlungsgebiete mit ruhigen Anliegerstraßen und ein oder zwei Schnellstraßen. Bevor die Katzen die Möglichkeit zum Lernen aus Erfahrung haben, ist der Unfall meist schon passiert.

Allerdings kenne ich auch Tiere mit vorbildlichem Verkehrsverhalten. Am Straßenrand sichern sie aufmerksam und huschen dann schnell über die Gefahrenzone. Beibringen kann man es ihnen nach meinen Erfahrungen allerdings nicht. Dem steht die Eigenwilligkeit der Katze entgegen.

Die Vorbeuge ist schwierig und unbefriedigend. In gefährlichen Gegenden sollte man die Tiere nur im Hause halten oder das Grundstück mit einem Elektrozaun katzendicht machen (s. auch S. 123).

Der rücksichtsvolle Fahrer wartet.

Bei Verkehrsspitzen, morgens und am späten Nachmittag, könnten die sonst freien Katzen im Haus gehalten werden. Vermehrt sieht man, wie Katzen mit Brustgeschirr an der Leine ausgeführt werden. Das gefällt mir nicht sehr, ist aber besser als reine Zimmerhaltung.
Autofahrer können durch ihren Fahrstil viel dazu beitragen, das Katzensterben auf den Straßen zu verringern. In Risikogebieten – Schnellstraßen durch Siedlungen – fährt man besonders vorsichtig und achtet auf Katzen am Straßenrand. Drängler sollten Sie durch vorsichtiges Tippen auf die Bremse warnen. Sie riskieren vielleicht einen unfreundlichen Autofahrergruß und reichliches Betätigen der Lichthupe, aber das ist immer noch besser, als eine Katze anzufahren.
Nachdem Tiere nun endlich auch juristisch als Mitgeschöpfe anerkannt sind, ist das Bremsen erlaubt, wenn ein Tier vor das Auto läuft.

Wer ist die Schönste: Ausstellungswesen

Katzen entsprechen in ihrer äußeren Erscheinung weitgehend dem menschlichen Schönheitsideal. Die großen ausdrucksvollen Augen, die Harmonie der Gestalt und das glänzende Fell werden selbst Menschen gefallen, die Katzen nicht als Haustiere um sich mögen.

Eine Katze ist aber immer die Schönste: die eigene!

Daran gibt es eigentlich nichts zu deuteln. Gelegentlich kommt aber der Wunsch auf, die Schönheit dieses ganz außerordentlichen Tieres mit anderen kritisch zu vergleichen. Mit anderen Worten, die Katze soll auf eine Ausstellung und dort möglichst einen Preis erringen. Prinzipiell ist das recht einfach.

Als Tierfreund sieht man das Ausstellungswesen mit einem lachenden und einem weinenden Auge, wobei die positiven Aspekte überwiegen. Der große Vorteil für eine Ausstellungskatze liegt darin, daß sie wirklich hervorragend gehalten werden muß. Die vorgeschriebenen Impfungen und regelmäßigen Entwurmungen sind selbstverständlich. Ebenfalls eine sorgfältige Körperpflege und optimale

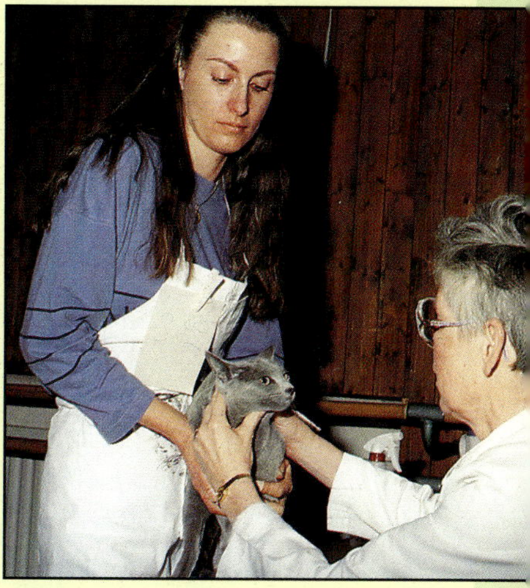

Die Richterin prüft,
der Kandidat fühlt sich geschmeichelt.

In den geschickten Händen des Stewards hält die Katze still.

Ernährung. Die auf Ausstellungen präsentierten Tiere sind wahre Prachtstücke ihrer Art. Sie strahlen Gesundheit und Lebensfreude aus.
Den Transport zur Ausstellung, die dortige Haltung in den von den Besitzern meist liebevoll ausgestatteten Boxen, das Umhertragen durch geschulte Helfer (Stewards) und die Hantierungen beim Richten lassen versierte Schau-Tiere meist mit stoischer Ruhe über sich ergehen. Sie genießen es nicht, ihnen wird aber auch nichts Unzumutbares abverlangt. Nervöse, aggressive und überängstliche Katzen gehören ohnehin auf keine Ausstellung.
Ein gewisses Risiko liegt in dem Austausch von Krankheitskeimen, wenn so viele Tiere auf relativ engem Raum zusammenkommen. Davor können auch die besten Impfungen und sorgfältigste Hygiene nicht vollständig schützen.
Meine Bedenken liegen eher auf psychologischem Gebiet. Ihre einzigartige Katze ist nun nach einem ausgeklügelten Punktsystem beurteilt worden und hat irgendeine Plazierung errungen. Ihnen wird klargemacht, daß eine andere einen ausdrucksvolleren Kopf besitzt, vielleicht eine schönere Fellzeichnung oder was auch immer. Damit kann schon einmal Neid aufkommen, möglicherweise unnötige Enttäuschung. Schlimmstenfalls sogar der Wunsch, sich von Ihrer Katze zu trennen und

eine – äußerlich – vollkommenere zu kaufen.
Für Züchter ist das Beschicken einer Ausstellung ein wichtiger Leistungsvergleich. Man sieht, worauf bei der Zuchtauswahl besonders geachtet werden muß.

Außerdem sind prämierte Zuchttiere automatisch wertvoller. Man lernt Züchterkameraden kennen und knüpft wertvolle Kontakte.
Der Besitzer einer geliebten Einzelkatze ohne Zuchtambitionen sollte es sich aber gründlich über-

Die typische Atmosphäre einer Katzenausstellung ähnelt sich überall sehr.

Ein hochdekorierter Champion.

legen, ob er wirklich ein objektives Urteil über seinen Liebling will. Wahrscheinlich ist er mit seiner eigenen Einschätzung wesentlich besser bedient.

Möchten Sie aber mit einer oder mehreren Katzen eine Ausstellung besuchen, so empfehle ich folgendes Vorgehen. Zunächst einmal sollte man Katzenausstellungen in der näheren und weiteren Umgebung besuchen. Das ist für Katzenfreunde immer lohnend. Sprechen Sie mit den Ausstellern und Veranstaltern über Ihre Absichten. Da eigentlich alle Katzenliebhaber freundliche Menschen sind, wird man Sie gern und kompetent beraten.

Man erhält auf jeder Ausstellung die Ausschreibungen und Termine für weitere Veranstaltungen. Außerdem ist zu erfahren, ob die Mitgliedschaft in dem betreffenden Verband oder Verein Vorbedingung für eine Teilnahme ist. Das ist z. B. beim renommierten 1. Deutschen Edelkatzenzüchter-Verband e. V. der Fall, er ist der FIFe (Fédération Internationale Féline) angeschlossen. Von einem der vielen autonomen Vereinigungen wird die Katze auch ohne Mitgliedschaft angenommen.

Für engagierte Katzenfreunde bietet die Mitgliedschaft in einem entsprechenden Verein übrigens große Vorteile – ob man nun selber ausstellt oder nicht. Sie erfahren unter Gleichgesinnten viel über Katzen, können Urlaubspflegestellen mit Gegenleistungen ergattern und bekommen Adressen wertvoller Tiere, falls einmal gezüchtet werden soll.

Es ist übrigens nicht erforderlich, daß Ihr Tier eine Rassekatze mit langem Stammbaum ist. Auch auf den größten Ausstellungen können Hauskatzen in ihrer Klasse Pokale erringen.

Einige Generalfehler machen manche Katzen aber für Ausstellungen ungeeignet. Das sind Mißbildungen des Skeletts, Knoten oder Knicke im Schwanz; Über- oder Unterbiß von mehr als 2 mm, andere Gebißfehler, ein schiefer Kiefer, durchhängende Rückenlinie, Schielen – so putzig das auch im Einzelfall aussehen mag –, vor allem Anzeichen von schlechter Gesundheit, zu magere oder vernachlässigt wirkende Tiere. Im Zweifelsfall würde ich meine Katze vor der Ausstellung einem versierten Katzenzüchter vorstellen. Disqualifiziert werden Katzen mit zuviel oder zuwenig Zehen, amputierten Krallen; über 4 Wochen trächtige Tiere und stillende Katzenmütter; aggressive Katzen.

Eine Illusion muß ich Ihnen auf jeden Fall nehmen. Selbst wenn Ihre Katzen ständig vordere Plätze belegen: Reich ist durch seriöse Katzenzucht und Katzenverkauf noch niemand geworden! Die Zucht von Liebhaberkatzen ist ein schönes Hobby, doch niemals Broterwerb.

Katzenrassen

Züchterfleiß und -können haben eine nahezu unüberschaubare Anzahl von Hunderassen aus dem Wolf herausgezüchtet. Die Größe reicht vom winzigen Chihuahua bis zum riesigen irischen Wolfshund; der Charakter vom aggressiven Jagdterrier bis zum freundlichen Setter. Leider gab und gibt es auch ausgesprochene Verirrungen; Rassen, die dem Tierschutzgedanken und auch gesundem Menschenempfinden widersprechen. Beispielhaft seien nur die chinesischen Faltenhunde und mexikanischen Nackthunde genannt. Man hat damit Tiere gezüchtet, die manchen Menschen als absurde Gebilde gefallen mögen. Ihr Leben ist aber eine Qual, und nur in Menschenhand können sie überhaupt überleben.

Auch Katzenzüchter sind versiert und kenntnisreich. Die Vielzahl der anerkannten Rassen, die sie kunstvoll geschaffen haben, weist bisher aber zum Glück noch keine Extreme wie bei den Hunden auf. Praktisch alle Edelkatzen sind noch echte Katzen, voll geschmeidiger Eleganz und mit dem unabhängigen Katzencharakter.

Manx-Katze

Rex-Katze

Von dieser Feststellung nehme ich persönlich drei Rassen aus und mache bei den Persern eine Einschränkung.
Der Schwanz ist für die Katze keine Verzierung, sondern ein wichtiges Steuerungs- und Ausdrucksinstrument. Bei der Manx-Katze wurde mit dem Erbfehler Schwanzlosigkeit weitergezüchtet! Auf Ausstellungen wird anstelle des Schwanzes ein ausgeprägtes Loch verlangt. Diese bedauernswerten Geschöpfe leiden auch noch unter anderen Erbfehlern; Totgeburten und geringe Fruchtbarkeit sind häufig. Eine dahinhoppelnde Manx-Katze verdient unser Mitleid, mit ihr sollte aber nicht gezüchtet werden.
Es sei noch erwähnt, daß es auch eine Manx-Varietät mit Kurzschwanz gibt – Rumpy bzw. Stumpy. Für diese gelten meine Bedenken nur bedingt, sie sind aber nicht ausgeräumt.
Die Rex-Katzen haben einen durch Mutation entstandenen Erbfehler, der ihr Haarkleid betrifft. Alle Haare – auch die für das Tasten so wichtigen Schnurrhaare – sind gekräuselt und sehr dünn. Haarlosigkeit kommt vor, dünnes Haar ist die Regel. Diese Tiere stammen – wie viele Edelkatzen – ursprünglich aus Inzest-Zucht. Rex-Katzen gelten als liebenswerte Tiere, die sich gut in der Wohnung halten lassen. Nackte Tiere (Sphinx) sind für mich aber Mißgeburten; Rex mit haarlosen Stellen können auf Ausstellungen vernünftigerweise keine Preise erringen.
Die beweglichen und hochempfindlichen Ohren sind für die Katzen eines der wichtigsten Orientierungsorgane. Mit Hilfe des feinen Gehörs fangen selbst blin-

Scottish-Fold-Katze

de Tiere (!) zuweilen Mäuse. Bei den Scottish-Fold-Katzen – prinzipiell robuste und sehr lebensfähige Tiere – zitiere ich nun den Rassestandard: »Ohren nach vorn und unten gefaltet, klein. Je kleiner und stärker gefaltet, um so besser, und diesen Katzen ist der Vorzug zu geben vor größeren Ohren, die nicht so ausgeprägt gefaltet sind.« Damit hat man der Scottisch-Fold-Katze einen ihrer wichtigsten Sinne eingeschränkt und ihn gegen ein albernes Aussehen eingetauscht.

Meine Einschränkung betrifft die liebenswerten und sehr beliebten Perser-Katzen. Wegen ihres langen, flaumigen Fells können diese Tiere in der freien Natur auf keinen Fall überleben. Sie sind auf den menschlichen Partner angewiesen, der sie ständig pflegen muß. Problematisch erscheint mir als Tierarzt auch die Herauszüchtung eines besonders markanten Nasen-Stops (starker Knick zwischen Nase und Stirn), weil damit eine Verengung des Tränen-Nasen-Kanals verbunden ist und Atemstörungen vorkommen können. Davon abgesehen sind die Perser wundervolle Katzen mit vielen wertvollen Eigenschaften, auf die noch eingegangen wird.

Eine Besprechung aller etwa 40 anerkannten Katzenrassen bleibt entsprechenden Fachbüchern vorbehalten. Dieser Überblick macht es Ihnen aber einfach, sich zu orientieren.

Man unterscheidet ganz einfach:

- Langhaarkatzen,
- Semi-(=halb-)Langhaarkatzen,
- Kurzhaarkatzen,
- Siam und Orientalisch Kurzhaarkatzen.

Langhaarkatzen

Perser

Die Perser mit ihren vielen Farbschlägen bezeichnete man früher als Angorakatzen. Die Eigenart dieser Fellstruktur ist auch von vielen anderen Tierarten bekannt. Dabei denke ich z. B. an die Angoraziege und die Angorakaninchen. Diese klassischen Langhaarkatzen sind die bekanntesten Edelkatzen überhaupt. Der erste deutsche Katzenclub wurde erst 1922 gegründet, er nannte sich 1. Deutscher Angorakatzen Schutz- und Zuchtverein.

Eine Perser-Katze unterscheidet sich in Körperform, Fell und Charakter deutlich von den Kurzhaarkatzen. Perser sehen so dekorativ aus, daß sie in ihrer gelassenen Ruhe vielfach wie ausgestopft wirken. Selbst in der Hektik einer Ausstellung bewahren sie »contenance« und sind sich ihrer Schönheit offensichtlich bewußt.

Die aufmerksamen Augen zeigen aber klar, daß hier kein Püppchen liegt. In ihren wundervollen Farben stechen sie deutlich vom Fell-Grundton ab.

Perser sind Luxusgeschöpfe und wollen nichts anderes sein. Man

Perser-Katze mit Jungen.

kann sie nur in der Wohnung halten und muß sie täglich ausgiebig kämmen und bürsten. Wenn ausgerissene oder gar ausgesetzte Langhaarkatzen endlich im Tierheim landen, bieten sie einen erbärmlichen Anblick. Meist muß ihnen das verklebte und verfilzte Fell zunächst in Narkose geschoren werden – eine schwierige Prozedur.

Der Körperbau der Perser soll muskulös-gedrungen sein, was man nicht mit verfettet verwechseln darf. Unter dem seidigen Fell sind bei gut gehaltenen Tieren kräftige Muskeln zu tasten.

Der Charakter ist ruhig, bedächtig, obwohl es auch sehr lebhafte Perser gibt. Man kann gut mit ihnen auskommen, soll aber keine aufdringliche Zärtlichkeit erwarten. Perserkatzen benötigen viel Zeit für Pflege und Spiel, sie sind kein dekoratives Einrichtungsstück.

Als Tierarzt bitte ich die Züchter, Katzen mit Geburtsschwierigkeiten wegen zu dicker Köpfe der Jungen unbedingt von der Weiterzucht auszuschließen. Der Kaiserschnitt ist ein Noteingriff, aber kein Hilfsmittel für die Extremzucht!

Allgemeiner Standard

Die bei den einzelnen Rassen angegebene Punkteskala gibt Ihnen einen Anhalt, nach welchen Gesichtspunkten bei Ausstellungen gewertet wird. Daran läßt sich nun leider nicht rütteln. Es handelt sich um einen international festgesetzten Standard. Bei der einen Rasse wird der Kopf hoch bewertet, bei der anderen die Körperform oder andere Dinge.

Es mag auf den ersten Blick verwundern, daß die doch so wichtige Kondition mit durchgängig 5 Punkten recht niedrig bewertet wird. Das liegt einfach daran, daß man eine tadellose Kondition für Ausstellungskatzen voraussetzt.

Punkteskala

Typ: Er umfaßt den Körperbau, die Größe, das Skelett, die Höhe der Beine und Dicke der Pfoten, den Schwanz und die Körperlänge
20 Punkte

Kopf: Die allgemeine Kopfform, die Breite und Länge, Stop der Nase, den Kiefer, die Stirn, das Gebiß, Ansatz und Größe der Ohren, Form und Größe der Augen
30 Punkte

Farbe der Augen: 15 Punkte

Fell: Textur, Markierung, Abzeichen, Zeichnung, Plazierung der Flecken, Qualität und Farbe
30 Punkte

Kondition: Vorbereitung und Pflege 5 Punkte

100 Punkte

Perser-Kater

Semi-Langhaar

Birma-Katze

Als typische Semi-Langhaarkatze gilt die reizende Birma-Katze. Deren Fell ist schmuseweich, jedoch nicht so lang wie bei den Persern, mit denen man sie verwechseln könnte. Charakteristisch sind die immer rein weißen »Handschuhe« an allen vier Pfötchen. Sie stechen von der beigen Hauptfarbe ab, die unter dem Bauch ganz hell ist. Kopf, Beine und Schwanz zeigen die gleichen dunklen Abzeichen wie bei den Siamesen.

Wer den Verdacht äußert, es handele sich um eine Kreuzung zwischen Persern und Siamesen, zieht sich den Zorn der Birma-Züchter zu. Man wird Ihnen sofort eifrig von der geheimnisumwitterten Tempel-Vergangenheit aus dem fernen Birma berichten. Beides ist wohl richtig, die Kreuzung und die Tempel-Geschichten. Birmesen waren jedenfalls immer geachtete Tiere.

Birma-Katzen gelten als besonders freundlich und intelligent. Die tägliche Pflege muß nicht so intensiv sein wie bei den Persern. Eine Birma ist mit der sanften Stimme und dem liebevollen Wesen nahezu das Ideal einer Schmusekatze.

Birma-Katzen

Türkische Van-Katze

Punkteskala

Körper:	20 Punkte
Kopf und Augen: Form und Farbe	20 Punkte
Farbe und Abzeichen:	15 Punkte
Handschuhe vorn:	5 Punkte
Handschuhe hinten:	5 Punkte
Sporen hinten:	5 Punkte
Gleichmäßigkeit:	5 Punkte
Schwanz:	10 Punkte
Fell und Kondition:	15 Punkte
	100 Punkte

Van-Katze

Die Türkische Van-Katze hat ihren Namen vom Van-See in der Türkei. In dieser Gegend wurde sie gezüchtet. Van-Katzen kamen erst 1955 nach England; von dort eroberten sie Europa. Seit 1969 sind sie hier als Rasse anerkannt. Ihr seidiges Fell weist eine Besonderheit auf, ihm fehlt die Unterwolle. Vielleicht ist das mit der Grund, weshalb diese Tiere ganz gern freiwillig ins Wasser gehen. Ohnehin ist es nicht richtig, daß Katzen generell große Abscheu vor dem Wasser haben. Wenn man sie anspritzt, irritiert der plötzliche naßkalte Guß, nicht das Wasser. Natürlich kann auch jede Katze gut schwimmen, die Türken tun es aber mit Freude. Es scheint allerdings übertrieben, sie deshalb als Schwimmkatzen oder Wasserkatzen zu bezeichnen, wie man manchmal hört.

Das reinweiße Fell hat attraktive kastanienrote Flecken an Kopf und Schwanz. Die bernsteinfarbenen, ausdrucksvollen Augen sind rosa umrändert.

An den Türkischen Van-Katzen wird ihre Intelligenz, Lebhaftigkeit und Anhänglichkeit an den Menschen geschätzt. Sie können und sollen Auslauf haben, auf die Wohnung allein sind diese schönen Tiere also nicht angewiesen. Es wäre aber zu risikoreich, Edelkatzen frei laufen zu lassen. Die völlig zahmen Tiere können zu leicht eingefangen werden und in falsche Hände geraten. Auf die Gefahren des Autoverkehrs wurde schon verwiesen. Daher empfiehlt sich ein Gehege oder der durch Elektrozaun abgesicherte Garten.

Punkteskala

Farbe und Fell:	25 Punkte
Kopf und Augenform:	25 Punkte
Augenfarbe:	10 Punkte
Körper und Schwanz:	25 Punkte
Ohrengröße und Farbe:	10 Punkte
Kondition:	5 Punkte
	100 Punkte

Somali-Katze

Mit einer Somali-Katze kann man Eindruck machen! Katzen-Laien werden glauben, daß es sich um eine exotische Wildkatze handelt. Die Tiere wirken irgendwie fremdartig.

Somali sind mittelgroß bis groß und haben kräftig entwickelte Muskeln. Mit ihrer braunen Wildfarbe (auch rötlich, blau, beige oder silber), dem stets sprungbereit wirkenden athletischen Jägerkörper und den aufmerksamen, bernsteinfarbenen oder grünen Augen scheinen sie geradewegs aus der tropischen Steppe gekommen zu sein. Wie bei den Abessiniern ist jedes einzelne Haar mehrfach gebändert (»ticking«).

Dabei handelt es sich um hochgezüchtete Edelkatzen, die allerdings voll »alltagstauglich« sind.

Punkteskala

Körper:	20 Punkte
Kopf und Ohren:	15 Punkte
Augen: Form und Farbe	10 Punkte
Körperfarbe:	15 Punkte
Haarlänge:	15 Punkte
Ticking:	10 Punkte
Textur:	10 Punkte
Kondition:	5 Punkte
	100 Punkte

Somali-Katze

Maine-Coon-Katzen

Das gleiche gilt für die großen und kräftigen Maine-Coon-Katzen. Trotz des halblangen Fells sind diese Tiere leicht zu pflegen, denn sie haben kaum Unterwolle.

Auch die Maine Coons scheinen gerade aus der Wildnis gekommen zu sein, allerdings aus nördlichen Gegenden. Tatsächlich stammen sie auch aus Nordamerika.

Überzüchtet sind und wirken sie bestimmt nicht. Es handelt sich um selbstbewußte Schwergewichte, die sehr dekorativ sind. Natürlich benötigen Coons Pflege, allerdings nicht so intensive wie die Perser. Der Aufwand entspricht dem für einen Hund mit ähnlich langem Fell.

Die Besitzer sollten darauf achten, ihre Tiere nicht zu stark und energiereich zu füttern. Verfettete Maine Coons wirken nämlich leicht wie die Katzen-Karikatur Garfield, und das haben sie nicht verdient.

Punkteskala

Körper:	35 Punkte
Kopf:	30 Punkte
Fell:	20 Punkte
Farbe: Körper	10 Punkte
Augen	5 Punkte
	100 Punkte

Main-Coon-Katze

Abessinier-Katze

Kurzhaarkatzen

Abessinier-Katzen

Sicherlich haben Sie gewisse Vorstellungen von der Falbkatze, der Urform unserer Hauskatze. Genau so sieht eine typische Abessinier-Katze aus, und das ist beabsichtigt. Züchterische Bemühungen haben eine Katze geschaffen, die richtig »wild« aussieht, es aber vom Wesen her erfreulicherweise nicht ist.
Man erkennt die sandfarbenen Abessinier (auch andere Farben, wie bei den Somalis; ebenfalls mit »ticking«) an den luchsähnlichen Ohrpinseln, die allerdings nicht immer ausgeprägt vorhanden sind. Wenn diese Tiere aufgerichtet dasitzen und ihre ausdrucksvollen Augen leuchten lassen, wirken sie wie die Wiedergeburt der legendären Katzengöttin Bastet.
Abessinier benötigen viel Bewegung und menschliche Ansprache. Im Charakter ähneln sie keineswegs den wilden Verwandten. Sie sind liebevoll, anschmiegsam und an allem interessiert. Die Stimme ist wohlklingend und sanft.

Punkteskala

Typ: Körper und Schwanz	20 Punkte
Kopf und Ohren:	15 Punkte
Augen:	10 Punkte
Körperfarbe:	25 Punkte
Ticking:	15 Punkte
Textur:	10 Punkte
Kondition:	5 Punkte
	100 Punkte

Europäisch Kurzhaar

Beim Gang durch eine Katzenausstellung werden Sie bestimmt »Ihre« Katze oder zumindest diesen Typ entdecken. Das ist kein Zufall, denn es handelt sich um die züchterisch veredelte Form der Hauskatze. Man nennt sie Europäisch Kurzhaar, die im allgemeinen etwas größer und kräftiger als normale Hauskatzen sind.
Das liegt an der bewußten Einkreuzung von größeren Persern, was allerdings keinen Einfluß auf die Fellänge hatte. Eine Europäisch Kurzhaar soll ohnehin nicht erkennen lassen, daß andere Rassen bei ihrer Entstehung eine Rolle gespielt haben.
Der Charakter entspricht dem einer Hauskatze mit der weiten Spanne von Eigenschaften, wie sie für Katzen nun einmal typisch sind.

Punkteskala

Typ: Der Körperbau, die Größe, das Knochengerüst, Höhe und Dicke der Pfoten, der Schwanz und seine Länge — 25 Punkte

Kopf: Kopfform und Hals, Ohrengröße und Plazierung, Augenform und Plazierung — 25 Punkte

Farbe der Augen: 10 Punkte

Felltextur: 10 Punkte

Fellfarbe und Zeichnung: 25 Punkte

Kondition: 5 Punkte

100 Punkte

Kartäuser-Katze

Kartäuser-Katzen

Die Kartäuser-Katzen, auch British Blue genannt, sind kräftige Tiere. Es handelt sich um eine sehr alte Zuchtrasse.

Das Fell ist blau oder blaugrau, die Augen müssen die Farbe von Kupfer oder dunklem Orange haben. Kartäuser lassen sich gut in der Wohnung halten, denn ihr Charakter ist ruhig und ausgeglichen. Durch das kurze Haarkleid benötigen sie sehr wenig Pflege.

Punkteskala

Körperform:	25 Punkte
Kopf:	25 Punkte
Augen:	10 Punkte
Fell und Farbe:	25 Punkte
Schwanz:	10 Punkte
Kondition:	5 Punkte
	100 Punkte

Burma-Katzen

Die Burma-Katzen haben wegen ihrer exotischen Schönheit und des typischen Temperaments innerhalb von nur 50 Jahren fast die ganze Welt erobert. Es sind schlanke Tiere, die in verschiedenen Farbschlägen vorkommen. In ihrem Gesicht strahlen ausdrucksvolle gelbe Augen.

Burma-Katzen kann man nicht nebenher betreuen. Diese intelligenten Tiere neigen nicht zur Ängstlichkeit und Zurückhaltung. Sie möchten nach Möglichkeit immer im Mittelpunkt stehen und können Menschen völlig für sich einnahmen. Körperliche Pflege benötigen sie wenig, dafür sind sie im seelischen Bereich sehr anspruchsvoll.

Punkteskala

Körperform: Beine, Schwanz, Pfoten	20 Punkte
Körperfarbe:	15 Punkte
Fellstruktur:	15 Punkte
Kopf und Ohren:	25 Punkte
Augenform, Farbe, Stellung:	20 Punkte
Kondition:	5 Punkte
	100 Punkte

Burma-Katze

Siam und Orientalisch Kurzhaar

Siamesen

Neben den Persern sind die Siamesen für viele Menschen der Inbegriff einer luxuriösen Edelkatze. Und das nicht ohne Grund. Die elegante, zierliche Erscheinung verkörpert Katzenschönheit schlechthin.

Jeder Laie erkennt diese edlen Tiere an ihrer typischen Siamesen-Zeichnung, die sie allerdings durch Einkreuzung auch auf andere Rassen übertragen haben. Es gibt inzwischen eine Fülle von Farbschlägen, keineswegs nur den klassisch elfenbein-braunen Typ. Die mandelförmigen, ausdrucksvollen Augen sind strahlend blau.

Siamesen eignen sich nicht für Katzen-Anfänger. Sie schließen sich aber gern und eng an den Menschen an. Mit ihrer lauten Stimme fordern sie Aufmerksamkeit, wollen nicht nur einfach spielen, sondern sich auch unterhalten. Wenn Siamesen in der Paarungszeit/Rolligkeit sind, kann ihre Lautstärke sogar nerven.

Man muß sich sehr auf Siamesen einstellen, jede hat einen anderen Charakter. Die menschliche Zuwendung lohnt diese Katze aber auch wie kaum eine andere mit schmeichelnder Zuneigung.

Orientalisch-Kurzhaar-Katze

Punkteskala

Kopf, Ohren, Augen:	25 Punkte
Körper: Beine, Füße, Schwanz	25 Punkte
Fell:	10 Punkte
Farbe:	10 Punkte
Textur:	10 Punkte
Augen:	15 Punkte
Kondition:	5 Punkte
	100 Punkte

Orientalisch Kurzhaar

Als Orientalisch Kurzhaar bezeichnet man gestromte, getupfte oder einfarbige Siamesen, die also nicht unbedingt die charakteristische Zeichnung aufweisen. Im übrigen besitzen sie aber alle Eigenschaften, die diese typischen Edelkatzen in aller Welt so beliebt gemacht haben.

Zwei unterschiedliche Siam-Katzen ▷

Hände weg: ein Ozelot.

Wildkatzen

Die Familie der Katzen ist sehr vielgestaltig. In der freien Natur findet sich eine Fülle eindrucksvoller Katzen, die man von schönen Fotos, teilweise auch durch wunderbare Naturfilme kennt. Dabei denke ich neben der Europäischen Wildkatze an die vielen verschiedenen Ozelots, Servale, bis hin zu Leoparden und anderen Großkatzen.

Bei manchem unwissenden Tierfreund erwacht dann der Wunsch, nun auch ein solches Tier zu besitzen und im Hause oder in geeigneten Gehegen zu halten. Die Artenschutzbestimmungen verbieten das zum Glück fast ausnahmslos. Doch davon abgesehen ist von der Haltung derartiger Tiere in Privathand dringend und ausnahmslos abzuraten! Sie werden auch nicht annähernd zahm, riechen durchdringend und bieten bald einen erbärmlichen Anblick. Es gibt zahlreiche derartige Versuche, die teilweise von engagierten und versierten Tierkennern durchgeführt wurden. Sie gingen ausnahmslos schief. In manchen Tierheimen kann man das traurige Ergebnis besichtigen. Es gibt zahlreiche Hauskatzenrassen, von denen die wichtigsten kurz beschrieben wurden. Alle sind für das Zusammenleben mit Menschen geeignet. <u>Wildkatzenarten gehören aber nicht in Privathand!</u>

Fortpflanzungskontrolle

Heute noch, wie schon im alten Ägypten, wirken Katzen kostbar und luxuriös. Jedes Tier strahlt Würde aus. Eigentlich müßten sie daher unbezahlbar sein, jedenfalls kein billiges Handelsobjekt.
Die heutige Wirklichkeit sieht leider anders aus. Jeder, der mit Tierschutz zu tun hat, wird von Katzen in großer Anzahl heimgesucht. Jedes Tierheim quillt von Katzen über, armselige Herumtreiber führen ein Hungerleben, und Fütterungsaktionen finden überall reichen Zuspruch. Katzen werden – sprechen wir es einmal aus – in vielen Gegenden zur Plage! Der Grund dieses großen Elends: Die Fruchtbarkeit der Katzen!
Fast unter allen Lebensbedingungen pflanzen sie sich üppig fort. Dem reichen Katzensegen folgt dann aber das Elend der kleinen Geschöpfe. Wenn die Milch der Mama versiegt, schlägt der Katzenschnupfen zu. Die kleinen Tierchen siechen dahin; einige sterben, andere kümmern. Das reicht aber zur Verringerung der Bestände nicht einmal aus. Von jedem ungewollten Wurf bleiben ein oder zwei Katzen übrig, die das Elend vervielfachen.
Daher muß jeder verantwortungsvolle Tierfreund dafür sorgen, daß sich seine Katze nicht unkontrolliert fortpflanzt. Es stehen heute bewährte Methoden zur Verfügung, um das Problem der übergroßen Katzenfruchtbarkeit in den Griff zu bekommen.

Kater

Freilaufende Kater füllen das Reservoir an herrenlosen Kätzchen immer wieder auf, da sie Herumtreiberinnen befruchten. Sperrt man geschlechtsreife Tiere ein, so leiden sie erbärmlich und markieren ihr Revier – die Wohnung – mit Urin. Die Kastration ist daher der beste Weg, um das Katzenelend an der Quelle einzudämmen.
Über den Zeitpunkt der kleinen Operation besteht allerdings Uneinigkeit. Bei zu früher Kastration bilden sich die Harnwege nicht genügend aus. Es kann später einmal zu den gefürchteten Verstopfungen durch Harngrieß kommen. Außerdem bleibt das Aussehen weiblich/geschlechtslos, ohne typischen dicken Katerkopf.
Wenn die Kater aber erst ausgie-

Katzensegen ohne Ende! Die einen noch nicht einmal flügge – schon ist neuer Nachwuchs in Sicht.

big markieren/spritzen, verliert sich diese unangenehme Eigenart auch nach der Operation nur langsam oder überhaupt nicht.
Meine Empfehlung besteht in einem Kompromiß. Beobachten Sie das kleine Katerchen genau. Wenn es nach etwa sechs Monaten, oder auch wesentlich später, zaghaft mit dem Spritzen beginnt, sollte man den Kastrationstermin in Ruhe mit dem Tierarzt vereinbaren. Selbstverständlich wird der Eingriff heutzutage nur noch in Vollnarkose durchgeführt.
Nur der Vollständigkeit halber sei noch die Sterilisation erwähnt. Dabei werden lediglich die Samenleiter durchtrennt – eine kitzlige Operation –, während die Hoden im Körper bleiben. Der sterilisierte Kater wird weiterhin spritzen und streunen, er kann aber nicht mehr befruchten. Die Sterilisation wird praktisch nicht mehr durchgeführt.
Zusammenfassend läßt sich sagen, daß jeder Kater kastriert werden sollte; von Zuchttieren natürlich abgesehen. Der Geschlechtstrieb führt auch Ihren Kater auf dunkle und gefährliche Wege; sein Spritzen vertreibt kätzische Konkurrenten aus der

Wohnung – leider aber auch Ihre Freunde und Bekannten. Vor allem betreiben Sie wirksamen Tierschutz, wenn durch die Kastration Katzennachwuchs vermieden wird.

Katze

Es ist schon ein Erlebnis, das Mutterglück der Katze miterleben zu können. Dieses Glück vergeht aber schnell, und dann beginnen die Probleme mit den Kätzchen. Wohin damit?
Freunde und Bekannte winken ab, selber kann man den Wurf nicht behalten – es bleibt das Katzenhaus im Tierheim. Nur um es zu erwähnen: Aussetzen und Töten sind mit Recht verboten. In einigen Zoos läßt man Großkatzen (Löwen, Tiger, Leoparden) züchten, weil die Jungtiere sehr publikumswirksam sind. Nach dem Ende des Mutterglücks werden die Kleinen dann eingeschläfert, da nicht verkäuflich. Kein Kommentar!
Für Hauskatzen bleibt also nur die Fruchtbarkeitskontrolle.
Vieles spricht für die Kastration. Dabei handelt es sich um eine Bauchoperation, bei der die Eierstöcke und ein Teil der Gebärmutter entfernt werden. Die Katze ist danach geschlechtsneutral, sie wird nicht mehr rollig.
Manche Katzenbesitzer scheuen sich vor der Operation. Sie befürchten eine eventuelle Charakterveränderung des Tieres, möchten ihm den Eingriff ersparen und wollen sich die Möglichkeit einer späteren Zucht nicht endgültig verbauen.
Für diesen Fall gibt es die Katzenpille, eine kleine Tablette. Sie muß einmal pro Woche verabreicht werden. Die Katze ist dann hormonell kastriert und wird nicht mehr rollig. Der Vorteil: Bei Nichtgefallen können Sie praktisch jederzeit mit der Tablettengabe aufhören. Nachteil: Man muß jede Woche an die Verabreichung denken und hat ständig Kosten. Eins darf man allerdings nicht tun, nämlich die Tablettengabe mehrfach unterbrechen; das schadet dem Organismus.
Daher entschließen sich viele Besitzer irgendwann doch zur Operation. Das ist nach der hormonellen Kastration auch problemlos möglich.
Früher wurde auch häufiger sterilisiert. Dabei hat man die Eileiter operativ durchtrennt. Vorteil: Die Katze wird weiterhin rollig, ist aber unfruchtbar. Nachteil: Das Tier lärmt während der Rolligkeit, streunt herum und neigt zu Gebärmuttererkrankungen. Daher wird die Sterilisation praktisch nicht mehr durchgeführt.
Es ist übrigens ein Märchen, daß Katzen zur geistigen und körperlichen Gesundheit unbedingt einmal Junge gehabt haben sollten. Mit großen Einschränkungen kann man das vielleicht bei Hündinnen sagen.

Verspielte junge Kätzchen erfreuen das Herz jedes Menschen; wer möchte sie nicht besitzen? Aber wehe, wenn jemand nicht bereit ist, sich jahrelang liebevoll der Tiere anzunehmen.

Halbwilde Katzen

Manche Tierfreunde füttern im Garten einige Katzen, die offenbar herrenlos sind. Diese lassen sich meist nicht anfassen, sind für das Futter aber ausgesprochen dankbar.

Zweimal im Jahr gibt es dann das übliche Elend: Die weiblichen Tiere erscheinen plötzlich mit einigen heruntergekommenen Jungtieren. Das ist Katzenelend in geballter Form. Man sieht mit blutendem Herzen, wie die meisten der Jungen – nicht alle – langsam und erbärmlich eingehen.

Fortpflanzungskontrolle muß also gerade bei diesen halbwilden Tieren durchgeführt werden.

Die Kleinen werden noch versorgt – bald droht ihnen aber Verelendung.

Dafür gibt es grundsätzlich zwei Möglichkeiten. Die sicherste Methode ist natürlich die Kastration. Beim örtlichen Tierschutzverein (Polizei fragen!) kann man Fallen ausleihen, um die Katzen einzufangen. Schon kurz nach der Operation kommen die Wildlinge draußen wieder allein zurecht.

Eine weitere Möglichkeit besteht in der Gabe von Tabletten mit dem Futter. Es ist nicht schlimm, wenn auch ein Kater versehentlich eine abbekommt und eine Katze einmal damit aussetzt. Die Fortpflanzung wird auf jeden Fall deutlich gebremst – besser als nichts. Man kann die Tablettengabe auch auf die Rolligkeitsperioden beschränken, die bei draußen lebenden Katzen meist im Frühjahr und Herbst liegen.

Abschließend läßt sich sagen, daß die Fruchtbarkeitskontrolle bei Katzen Mühe verursacht, auch etwas kostet und gelegentlich sogar eine gewisse Härte dem Tier gegenüber erfordert. Es ist aber kein Zeichen von Tierliebe, wenn man die Katzen gewähren läßt. Wer den Ernst der Situation nicht erkennt, kann sich im nächsten Tierheim informieren. Man muß das ganz alltägliche Katzenelend erlebt und gesehen haben, um urteilen zu können. Immer zur Urlaubszeit werden Hunde und Katzen gewissenlos ausgesetzt (vgl. nächstes Kapitel), in Deutschland zusammen etwa eine halbe Million! Das kann man als Tierfreund nicht hinnehmen.

Katzen und Urlaub

Die meisten Menschen werden unruhig, wenn sie längere Zeit ständig an einem Ort waren und dort fleißig gearbeitet haben. Ob die Tätigkeit nun interessant ist oder langweilig, ob die Gegend Naturschönheiten bietet oder eher häßlich ist – ein- oder zweimal im Jahr möchte man sich verändern. Der Urlaub ist ein wesentlicher Bestandteil unserer Wohlstandsgesellschaft und der Lebensqualität. Deshalb sind Menschen auch nur unter größten Schwierigkeiten dazu zu bringen, auf ihren Urlaub zu verzichten.
Man will ganz woanders hin, dort ganz anders leben und auch ganz anders essen.
Das Gewohnheitstier Katze ist da entgegengesetzter Ansicht. Katzen hängen am Althergebrachten, sie sind konservativ bis zum äußersten. Nur nichts verändern! Erfahrene Katzenpfleger wissen, daß eine Katze schon zutiefst verärgert sein kann, wenn man auch nur ihr Futterschüsselchen oder die Toilette verrückt. Wohnsitzveränderungen sind für Katzen kleine Katastrophen! Daher rührt auch die Ansicht, daß Katzen mehr am Heim als an den pflegenden Menschen hängen. Das ist in dieser krassen Form sicherlich übertrieben, ein Körnchen Wahrheit steckt aber darin.
Weshalb diese Einleitung? Sie sollen wissen, daß Ihnen ein Urlaub herzlich gegönnt ist – nur nicht von Ihrer Katze. Genauer: Den größten Gefallen tun Sie Ihrem geliebten Tier, wenn der Urlaub daheim verbracht wird. Vom Standpunkt der Katze aus läßt sich folgende Beliebtheitsskala aufstellen, die im Einzelfall natürlich etwas unterschiedlich sein kann:

1. Urlaub daheim,
2. Katze bleibt daheim,
3. Katzentausch,
4. Tierpension,
5. Katze kommt mit.

Bevor nun diese Möglichkeiten im einzelnen besprochen werden, ein sehr ernstes Wort. In der schönen Urlaubszeit quellen die Katzenhäuser aller Tierheime über! Es handelt sich dabei keineswegs nur um Tiere, die dort von ihren Besitzern abgegeben wurden. Nein, es sind in der Überzahl aufgegriffene, zahme und vertraute Katzen, die bei Urlaubsbeginn rücksichtslos ausgesetzt worden sind. Die ver-

Gemütlicher Urlaub daheim.

ängstigten und hilflosen Geschöpfe landen dann irgendwie im Tierheim. Wohlgemerkt: Die Besitzer machen sich nicht einmal die Mühe, ihr offenbar überflüssiges Tier beim nächsten Tierheim abzugeben. Die früher angeblich so geliebte Katze wird einfach davongejagt und ihrem Schicksal überlassen.

Dies sind nun leider keine Einzelfälle. Wer irgendwelche Zweifel an der Richtigkeit der schlimmen Aussagen hegt, sollte einmal mit dem Personal eines Tierheimes sprechen. Danach denkt man anders über die Tierliebe vieler Mitmenschen. Der guten Ordnung halber sei noch erwähnt, daß es ausdrücklich verboten ist, ein Tier auszusetzen. Wörtlich steht in § 3 unseres Tierschutzgesetzes: »Es ist verboten, ein im Haus, Betrieb oder sonst in Obhut des Menschen gehaltenes Tier auszusetzen oder es zurückzulassen, um sich seiner zu entledigen.«

Doch nun zu den hoffentlich für beide – Katzen und Menschen – akzeptablen Urlaubsmöglichkeiten.

Urlaub daheim

Ein Urlaub im eigenen Heim hat auch für Menschen viele Vorzüge. Davon soll aber jetzt nicht die Rede sein. Vertraute Hauskatzen werden es genießen, wenn »ihre« Menschen in Ruhe daheim sind und sich ausgiebig mit ihnen beschäftigen können. Beide Parteien profitieren davon. Die Katze lernt den menschlichen Partner etwas besser kennen und schätzen. Für den Menschen ist im Urlaub der Umgang mit seiner Katze ein ganz wesentlicher Gesundheitsfaktor. Er lernt hautnah, wie man sich entspannen kann. Allein die Beobachtung einer Katze über längere Zeit bringt in dieser Hinsicht mehr als das Lesen des neuesten Entspannungs-Bestsellers.

Der preiswerte Urlaub in vertrauter Umgebung hat also eindeutige Vorzüge. Nicht zuletzt auch den, daß Ihre Katze einen besseren Eindruck von Ihnen bekommt.

Katze bleibt daheim

Katzen hängen am vertrauten Menschen – und an ihrem gemütlichen Heim. Wenn es denn unbedingt sein muß und die Urlaubsferne gar zu sehr lockt, dann lassen Sie die Katze daheim. Sie wird die Zeit Ihrer Abwesenheit schon verwinden.

Allerdings sind einige Vorbereitungen zu treffen. Eine liebe Nachbarin oder ein lieber Nachbar muß schon einige Zeit vor Urlaubsbeginn in die Versorgung der Katze eingewiesen werden. Viel ist da ja nicht zu tun: Die gewohnte Nahrung ins saubere Näpfchen, frisches Wasser, die Reinigung der Toilette – und all das zu den gewohnten Zeiten. Fast wichtiger als die Versorgung ist aber die tägliche Spielstunde. Bitte nicht wörtlich nehmen; manche Katzen wollen nicht direkt spielen. Sie benötigen aber eine regelmäßige Ansprache und Hinwendung.

Die Urlaubsvertreter müssen der Katze vertraut sein. Am besten übernehmen sie die Pflege schon einige Tage vor der Abreise der Besitzer. Damit vermeidet man auch Katastrophen – etwa wenn der Pfleger zu spät bemerkt, daß er auf Katzenhaare allergisch reagiert. Unüberwindliche Abneigung voreinander ist sehr selten, kommt aber doch gelegentlich vor. Also bitte vorbeugen und rechtzeitig mit dem Vertrautmachen beginnen. Es ist klar, daß in der Urlaubszeit keinerlei Experimente (andere Nahrung, ungewohnte Gefäße, veränderte Essenszeiten) angestellt werden dürfen.

Eine solche Urlaubspflege ist für noch unentschlossene Katzenfreunde eine hervorragende Gelegenheit, sich an Katzen zu gewöhnen. Kann ich ein solches Tier um mich ertragen, belastet mich die Pflege nicht zu sehr, liegen mir Katzen überhaupt? Schon mancher Tierfreund hat sich nach einer solchen Pflegeperiode freudig eine eigene Katze angeschafft, ist reuig auf einen Hund »umgestiegen« oder hat gar eingesehen, daß die Heimtierhaltung nichts für ihn ist. Diese Probezeit ist natürlich viel besser, als wenn man sich etwa ein Tier aus dem Tierheim holt und es nach der ersten Eingewöhnungszeit wieder zurückbrin-

gen muß, weil das Zusammenleben aus den verschiedensten Gründen nicht klappt.
Eine sehr gute Sache ist so eine Pflege auf Zeit für Kinder, die sich glühend eine Katze wünschen. Meist haben sie recht verschwommene Vorstellungen von der Heimtierhaltung und sehen im Tier in erster Linie einen Spielgefährten. Hier ist nun Gelegenheit gegeben, sie über einen längeren, aber begrenzten Zeitraum auch mit den Pflichten vertraut zu machen.
Der Urlaub geht auch irgendwann zu Ende, und dann können Sie auf das beglückende Ereignis hoffen, daß Ihre sonst so zurückhaltende Katze Sie freudig, vielleicht sogar herzlich, begrüßt. Dafür kann ich allerdings keine Garantie übernehmen!

Katzentausch

Wenn es überhaupt nicht geht, und wenn sich absolut kein liebevoller Katzenpfleger in der Nachbarschaft findet, dann muß die Katze aus dem Haus und anderswo untergebracht werden. Eine ganz gute Möglichkeit der Katzenbetreuung im Urlaub besteht darin, sie zu versierten Katzenhaltern in Pension zu geben. Das versteht sich in aller Regel als Gefälligkeit auf Gegenseitigkeit. Man wird also auch die Katze dieser Tierfreunde aufnehmen, wenn sie in Urlaub fahren.
Geht das denn überhaupt? Fügt sich eine verwöhnte Einzelkatze in einen anderen Haushalt ein, in dem noch eine oder mehrere Katzen leben? Erstaunlicherweise klappt das meistens zufriedenstellend, und das hat mehrere Gründe. Zum einen können sich die klugen Katzen recht gut in das Unvermeidbare fügen. Sie passen sich der veränderten Umwelt vorübergehend (!) an und schrauben ihre Ansprüche zurück. Zum anderen handelt es sich bei den Pflegern um erfahrene Katzenkenner, die schon wissen, wie man mit heimwehkranken und ängstlichen Kätzchen umgeht. Die Gäste benötigen ihr eigenes Fleckchen in der Wohnung und liebevolle Ansprache. Im günstigsten Falle genießt die Katze auch das Zusammensein mit ihresgleichen, spielt mit ihnen und übersteht die Zeit der Abwesenheit vom eigenen Heim ganz gut.
Wenn Ihnen keine willigen Katzenhalter bekannt sind, hilft der örtliche Tierschutzverein sicherlich gern. Es gibt auch überregionale Verbindungen von Katzenfreunden, die derartige Kontakte knüpfen. Als Beispiel sei genannt:

Cat-Sitter-Club
Grafenberger Allee 147
4000 Düsseldorf 1
Tel: 02 11/66 32 06

Sie erhalten dort freundliche und sachkundige Auskunft, man wird Ihnen gewiß helfen können.
Es ist Ihre Aufgabe, die Katze gesundheitlich auf die Urlaubszeit

vorzubereiten. Machen Sie deshalb mit ihr rechtzeitig vorher eine Wurmkur, und auch die wirkungsvolle Schutzimpfung muß anhand des Impfpasses nachgewiesen werden können.
Da die Katze durch die seelischen Belastungen des Ortswechsels besonders anfällig gegen Infektionen ist, gehört der stabile Impfschutz zu den Selbstverständlichkeiten. Die Tollwutimpfung kann entfallen, wenn eine nur im Haushalt gehaltene Katze ausschließlich mit Hauskatzen in Berührung kommt. Ist das nicht der Fall, so muß sie selbstverständlich geimpft werden. Verlangt wird in aller Regel die Impfung gegen Katzenseuche und Katzenschnupfen. Ob man die etwas aufwendige Katzenleukose-Impfung durchführen läßt, ist Ansichtssache.

Tierpension

Die Adressen guter Tierpensionen werden unter Tierfreunden fast wie Schwarzmarktware gehandelt. Wer in dieser Hinsicht gute Erfahrungen gemacht hat, ist glücklich dran. Bei der Wahl sollte man sich weniger auf blumige Anzeigen und Prospekte verlassen, sondern mehr auf andere Katzenbesitzer hören, die über entsprechende Erfahrungen verfügen.

Katzenpension/Tierheim – nicht die schlechteste Lösung!

Die Anforderungen an eine gute Tierpension für Katzen sind hoch. Die tadellose, saubere Unterbringung der Gäste und ihre einwandfreie Ernährung gelten als Selbstverständlichkeit. Eine einfühlsame Betreuung der Katze in seelischer Hinsicht ist aber fast noch wichtiger. Einige Menschen verstehen es hervorragend, traurige Kätzchen mit beruhigendem Zuspruch und sanftem Streicheln aufzuheitern, andere lernen es nie. Schauen Sie sich die ausgewählte Pension unbedingt an, bevor Ihr Liebling dort einquartiert wird. Dann sehen Sie an Ort und Stelle, wie die Katzen untergebracht sind und welchen Eindruck die Tiere machen. Gemeinsam mit den Pensionswirten sollte festgelegt werden, ob Ihre Katze in eine Einzelbox kommt – meistens vorzuziehen – oder in einem Gemeinschaftsraum untergebracht werden soll. Beides hat Vor- und Nachteile, eventuell muß man es auch ausprobieren.

Für die Gesundheitsfürsorge gilt das, was bereits beim »Katzentausch« besprochen wurde. In einer Pension sind natürlich immer Krankheitskeime vorhanden, daher ist ein stabiler Impfschutz so wichtig. Bei irgendwelchen Zweifeln wird Sie Ihr Haustierarzt gern beraten.

Wie bei jedem Umgebungswechsel ist es eine große Hilfe, wenn die Katze sich jederzeit in das vertraute Schlafkörbchen zurückziehen kann. Dieses Stückchen Heimat hilft gegen das zuweilen schlimme Heimweh und ist auch im Gemeinschaftsraum die letzte Zuflucht, wenn andere Katzen frech und unverträglich sind.

Es mag der Eindruck entstanden sein, daß ein Ortswechsel für die Urlaubszeit von jeder Katze als unangenehm empfunden wird. Schon wegen der völlig unterschiedlichen Reaktionen der Individualistin Katze ist diese Ansicht falsch. Manche Tiere finden einen Ortswechsel hochinteressant und genießen das Zusammentreffen mit anderen Katzen. In puncto Futteraufnahme heikle Tiere kommen unter Umständen mit gesundem Appetit zurück, weil die Konkurrenz am Schüsselchen keine Zimperlichkeit zuließ. Sie können also hoffen, daß Ihre Katze im Ferienheim umgänglicher wird und das ungeteilte Zusammensein mit Ihnen in Zukunft ganz anders zu schätzen weiß.

Katze kommt mit

Natürlich kann man die kleinen und leichten Katzen auch relativ problemlos mit in den Urlaub nehmen. Der Transport ist dabei nicht das Problem. Für Flugzeug und Bahn gibt es bestimmte Transportboxen, die Sie sich schon einige Tage vor der Reise in die Wohnung stellen sollten. Die Katze kann sie dann vorab erkunden und sich daran gewöhnen. Man staffiert die Box mit einer vertraut duf-

Mal gut (Transportkorb), mal ganz schlecht (Katze auf Schoß) im Auto. Nebenbei zwei gravierende Fehler: Kinder nicht angeschnallt und Gepäck auf der Hutablage!

tenden Decke aus; gut wäre es, wenn Ihr Liebling sogar schon einige Nächte darin schlafen würde.

Bei besonders empfindlichen und aufgeregten Tieren kann es zweckmäßig sein, ihnen hauptsächlich vor Flugreisen ein entsprechendes Beruhigungsmittel zu verabreichen. Der Tierarzt wird Ihnen ein geeignetes Präparat geben oder rezeptieren. Wichtig: Die Wirkung müssen Sie unbedingt schon einmal vor der Reise ausprobieren. Nicht jedes Tier reagiert nämlich gleich, und bei unerwünschten Reaktionen kann man das Mittel noch wechseln.

Beim Autotransport gehören auch ruhige und folgsame Katzen unbedingt in eine Transportbox! Es sind schon schlimme Unfälle passiert, weil das Tier plötzlich erschrocken und dem Fahrer in den Nacken gesprungen ist. Eine Handtasche – Kopf schaut heraus – ist keine Lösung. Gewandte Katzen können sich immer befreien und Unheil anrichten.

Wer mit der Katze in Urlaub fährt, benötigt auf jeden Fall eine kombinierte Schlaf-, Wohn- und Transportbox, wie sie der Zoofachhandel anbietet. Darin sollte die Katze auch daheim schlafen; bei irgendwelchen Transporten – zum Tierarzt, zur Pension oder eben in den Urlaub – kommt die Gittertür davor und fertig. Geflochtene Kugeln sehen hübsch aus, sie lassen aber Zugluft durch. Daher sind Kunststoffboxen vorzuziehen, die sich auch problemlos reinigen und desinfizieren lassen.

Beim Halt an der Autobahnraststätte oder auch später am Urlaubsort ist die Gefahr des Entweichens riesengroß! Ich traue keiner Katze im Reisestreß. Vielleicht will sie sich ja nur einmal kurz verdrücken, aber die Aufregung ist groß, und dann geht die Sucherei los. Daher empfehle ich ein fest(!)sitzendes Brustgeschirr mit passender Leine. Die Autotür darf keinen Spalt geöffnet werden, bevor der Gurt hundertprozentig sitzt. An dieser Leine kann man die Katze dann Gassi führen, damit sie sich erleichtert.

Die Grenzformalitäten sind relativ einfach. Es gibt Länder, die vor der Einreise von Hunden oder Katzen fast unüberwindliche Barrieren errichtet haben, weil sie tollwutfrei sind und eine Einschleppung befürchten. Dazu gehört z.B. England. Die meisten anderen Länder fordern den Nachweis einer wirk-

Urlaub für beide.

Meine Freundin gefällt mir!

samen Tollwut-Schutzimpfung. Das bedeutet, aus dem Impfpaß muß hervorgehen, daß die Impfung nicht länger als ein Jahr und nicht kürzer als vier Wochen zurückliegt. Also denken Sie bitte rechtzeitig vor der geplanten Reise daran, den Impfschutz beim Tierarzt überprüfen zu lassen. Einige Länder wollen, daß die Impfung auch amtstierärztlich beglaubigt ist.

Da sich diese Bestimmungen leider ständig ändern, empfehle ich einen Anruf beim Konsulat des betreffenden Landes, bevor Sie die Reiseplanung ernsthaft beginnen. Vor »Katzenschmuggel« – auch ohne böse Absicht – warne ich dringend, weil die Katze bei Entdeckung kurzerhand getötet werden kann.

Am Urlaubsort angekommen, beginnt für uns Menschen das Abenteuer der andersartigen Ernährung – die Spannweite reicht von kulinarischen Offenbarungen bis zu schlimmsten Magenverstimmungen. Doch wer wollte im Urlaub schon auf Abwechslung vom heimischen Speiseplan verzichten? Auf alle Fälle Ihre Katze! Bitte ersparen Sie Ihrem ohnehin gestreßten Tier jegliche Experimente in puncto Ernährung.

Unproblematisch ist die Fütterung, wenn Sie daheim Fertignahrung verwenden. Ein entsprechender Vorrat der bevorzugten Sorte kann ohne weiteres mitgenommen oder am Urlaubsort gekauft werden. Wenn Sie zu Hause die Nahrung selber kochen, sollten Sie das auch unterwegs tun. Das ist allerdings etwas umständlich. Wer sich die Mühe im Urlaub nicht machen möchte und deshalb in dieser Zeit lieber Fertignahrung verwenden will, muß sein Tier schon rechtzeitig zu Hause an die neue Kost gewöhnen.

Ernsthafte Probleme sehe ich in der fremden Umgebung, vor allem bei Katzen, die »Freigang« gewohnt sind. Die Gefahr des Entweichens ist riesengroß. Auch die bravste Katze benimmt sich in der Fremde anders als sonst. Sie bekommt Heimweh, verliert die Orientierung oder wird erschreckt – und schon ist sie weg! Daher muß jedes(!) Familienmitglied darauf achten, daß im Urlaubsdomizil immer alle Fenster und Türen geschlossen bleiben. Auslauf bitte nur an dem bereits besprochenen Brustgeschirr mit entsprechender Leine.

Meine Warnungen sind zweifellos berechtigt und basieren auf entsprechenden Erfahrungen. Und doch – wie wir alle wissen, sind Katzen sehr verschieden, sie reagieren unterschiedlich und nicht voraussehbar. So berichtete mir gerade ein Katzenfreund, daß er mit seinem kastrierten Kater regelmäßig in Urlaub fährt. Er mietet sich dort ein Ferienhaus in der Natur, und der Kater streift munter umher. Mich schaudert, doch in diesem Falle ging bisher alles gut. Das Tier kam immer wieder zufrieden und wohlbehalten zurück.

Typische Fehler der Katzenhaltung

Wie man immer wieder betonen muß, sind Katzen Individualisten. Daher ist es auch so schwierig, allgemeingültige Grundsätze für ihre Haltung und Pflege aufzustellen. Was die eine heftig stört, wird von der anderen klaglos ertragen oder sogar genossen.
Daraus darf der Tierfreund aber keinesfalls den Schluß ziehen, er könne mit seiner Katze praktisch alles machen, was er für richtig hält. Es gibt typische Fehler bei der Katzenhaltung, die immer wieder zu großem Kummer bei Tier und Mensch führen. Über sie – nicht über die Ausnahmen – soll nachfolgend berichtet werden.

Konkurrenz

Katzen sind Einzelgänger und teilen weder Futter noch Anteilnahme gern mit anderen. Im Idealfall stellen sich Mensch und Katze

Vor der Kamera nur Spiel – in der Wohnung wird es oft kritisch, wenn ein »Eindringling« die gewohnten Lieblingsplätze mitbeanspruchen möchte.

völlig aufeinander ein. Es kommt zu einem stabilen Beziehungsgeflecht.

Aus dem Wunsch, es der geliebten Katze recht zu machen, entsteht oft der Gedanke, ihr einen Spielgefährten zu verschaffen. Insbesondere dann, wenn man sieht oder hört, wie in einem anderen Haushalt mehrere Katzen friedlich zusammenleben. Das erlebt man vor allem bei Edelkatzenzüchtern, die meist eine größere Gruppe von Tieren zusammen halten. Dies sind und bleiben aber Sonderfälle. In aller Regel geht es gründlich schief, wenn eine Neue in die bestehende Beziehung einbricht. Keine wird glücklich. Die alte Katze grollt, spielt krank oder macht in alle Ecken. Die Neue wird von der Alten gejagt und unterdrückt. Um sich einen kleinen Wohnungsanteil zu sichern, markiert sie heftig mit Urin.

Dazwischen steht der gutwillige Tierfreund, entfernt Häufchen, erneuert stinkende Tapeten in den Ecken und glaubt an eine Seuche. Dabei wollen ihm die Katzen nur ihren lebhaften Unwillen ausdrücken.

Gewiß, bei Ihnen mag das nicht so schlimm werden, das Risiko ist aber vorhanden. Ganz wichtig: Die neue Katze sollten Sie – wenn überhaupt – nur mit einer Art Rücknahmegarantie probeweise aufnehmen. Wenn es nach einigen Tagen absolut nicht klappt, kann man den alten Zustand wieder herstellen.

Langeweile

Wie alle echten Jäger benötigen auch Katzen lange Ruhepausen. Der strapazierte Körper muß sich erholen, der Geist geht alle Phasen der aufregenden Jagd noch einmal durch. Deshalb dösen Katzen stundenlang ohne jedes Anzeichen von Hektik vor sich hin. Wir können in dieser Hinsicht viel von ihnen lernen.

Es wäre aber völlig falsch, daraus den Schluß zu ziehen, Katzen wären träge und faule Geschöpfe. Das Gegenteil ist richtig. Katzen benötigen zum Wohlbefinden die spannende Aufregung der Jagd oder ein vergleichbares Spiel.

Wenn sie nur herumliegen, nicht hinaus dürfen und ihnen das Futter ständig präsentiert wird, leiden Katzen an schlimmer Langeweile. Sie werden körperlich und geistig träge, so wie es die beliebte Karikatur Garfield zeigt.

Einer reinen Wohnungskatze muß man also Unterhaltung bieten. Hinweise dafür wurden an anderer Stelle bereits gegeben. Wer keine Zeit für seinen tierischen Wohnungsgenossen hat, ist mit einem Plüschtier übrigens wesentlich besser bedient.

Liebesleid

»*Ein Irrtum, welcher sehr verbreitet*
und manchen Jüngling irreleitet,
ist der, daß Liebe eine Sache,
die immer viel Vergnügen mache.«

Geschmeckt hat's ihm ja – Figur und Gesundheit blieben aber auf der Strecke.

So dichtete Wilhelm Busch sehr zutreffend für den Menschen. Das gilt zweifellos auch für Katzen.
Es gibt zwei Extreme. Einmal eingesperrte Wohnungstiere, die dem Drang ihrer Hormone ausgeliefert sind und keine Möglichkeit zum Ausleben haben. Zum anderen die Tiere gewissenloser Züchter, die als Gebärmaschinen benutzt werden.
Beides ist wohl kaum tiergerecht und gewiß nicht natürlich. Im Kapitel »Fortpflanzungskontrolle« dieses Buches wurden daher Wege zur Kontrolle des Geschlechtstriebes aufgezeigt.

Überfütterung

Ein Jäger wird in der Natur niemals fett. Wenn er gute Beute gemacht hat, ist der Bauch gefüllt. Danach benötigt er eine Verdauungspause; satte Jäger sind deshalb ungefährlich. Diese Ruhe nach der Nahrungsaufnahme kann in der freien Wildbahn Tage dauern.
Erst mit knurrendem Magen geht es wieder auf die Jagd. Längere Essenspausen sind für Jäger also nicht ungewöhnlich und keineswegs ungesund. Eine fette Katze könnte in der Natur keine Beute erwischen.

Anders sieht es bei Hauskatzen aus. Zwar speisen viele nach Katzenart bedächtig und maßvoll. Durch das überreichliche Futterangebot und Langeweile können sich aber einige Tiere »vergessen«. Entgegen aller Jägertradition werden sie fett und unförmig. Das sieht unästhetisch aus, ist ungesund und nicht artgemäß. Ein Fütterungshinweis: Was nach einer Stunde noch im Napf ist, sollte entfernt werden.
Verantwortungsvolle Katzenbesitzer sorgen deshalb dafür, daß ihre Tiere auch im friedlichen Haushalt »jagdlich-fit« bleiben.

Überpflege

Katzen bringen jeden Tag viele Stunden mit der Körperpflege zu. Vertraute Tiere helfen sich dabei auch gegenseitig und lecken sich z. B. die Ohren aus. Von Sonderfällen – Langhaarkatzen – einmal abgesehen, benötigen gesunde Katzen daher eigentlich überhaupt keine Pflege durch den Menschen. Nun gibt es aber Tierbesitzer, die ihre Katze aus einer Art übersteigerter Tierliebe heraus ständig pflegen wollen. Auf Gedeih und Verderb, trotz Fauchen und Kratzen, werden Ohren mit Wattestäb-

Überpflege grenzt an Tierquälerei!

Unsere Nahrung ist kein Katzenfutter.

chen ausgebohrt, Tropfen in die Augen getan, Zähne geputzt, die Krallen gekürzt, und das ganze Tier kommt zur Säuberung in die Badewanne. Wohlgemerkt, vernünftige Pflege – also etwa sanftes Kämmen und Bürsten – ist den Katzen angenehm. Wenn gesunden Tieren unnötige Maßnahmen aber mit Gewalt aufgezwungen werden, ist der Übergang zur Tierquälerei nicht mehr weit.

Fehlernährung

Bei Ernährung denken viele Menschen nur daran, ob das betreffende Tier auch eine ausreichende Menge an Futter bekommt. Das ist bei Katzen in Menschenhand überwiegend der Fall. Gesundheitlich bedenklich wirkt sich aber eine Fehlernährung über längere Zeit aus, die leider auch bei Tierfreunden vorkommt.

Diese Fehlernährung ist häufig und hat zwei Ursachen. Die eine liegt in besonderen – und nicht gerechtfertigten – Vorstellungen der Besitzer über richtige Ernährung. So möchten z. B. Vegetarier ihre gesunde Nahrung immer wieder auch den Katzen oder Hunden zukommen lassen. Das führt zu folgenschweren Mangelerscheinungen (vgl. S. 34).

Die andere ist Schuld der Katze. Einige dieser Individualisten entwickeln besondere Ernährungsgewohnheiten und treten sofort in Hungerstreik, wenn diese nicht beachtet werden. Das ist harmlos, wenn lediglich eine bestimmte Fertignahrungssorte »verlangt« wird. Katzen haben gelegentlich aber absonderliche Vorlieben (Erbsen aus der Dose, Spargel!); häufig bevorzugen sie reines Fleisch, ohne Fett, Knorpel und Sehnen. Einige Leckermäuler geruhen z. B., nur Rinderfilet zu sich zu nehmen.

Das kann man im Interesse der Katze nicht durchgehen lassen, denn reinem Muskelfleisch fehlen wichtige Inhaltsstoffe. Das menschliche Nachgeben würde der Katze schaden, und das darf nicht sein. Wie so oft muß der vernünftige Tierfreund seine Ausdauer und Geduld gegen die der Katze setzen – ein schwieriges Unterfangen!

Katzen vertreiben

In diesem Buch wird die Haltung und Pflege von Hauskatzen beschrieben. Es will Verständnis für die Eigenarten dieses beliebten Haustieres wecken. Doch eines sei nicht verschwiegen: Nicht jedem sind Katzen willkommen! Selbst Katzenbesitzer und engagierte Katzenfreunde zeigen meist wenig Begeisterung, wenn neben ihrer eigenen Katze noch eine ganze Schar fremder Tiere ihr gepflegtes Anwesen mit Beschlag belegt. Für manche Mitmenschen gelten Katzen grundsätzlich als unerwünschte Eindringlinge in ihr Revier, die es zu vertreiben gilt.

Dabei denke ich an einige Gartenbesitzer, deren Grundstück aus manchmal unerfindlichen Gründen von Katzengesellschaften beehrt wird. Sie halten dort ihre Versammlungen ab, erleichtern sich in Blumenrabatten, veranstalten nachts einen Höllenlärm und benutzen dieses Gebiet als Jagdrevier. Wenn sie dabei die Mäuse reduzieren, ist das ja in Ordnung. Leider gehen sie aber auch an bodenbrütende Vögel (Nachtigallen!), und Spezialisten fischen den liebevoll angelegten Bio-Teich leer.

Der Gesetzgeber sagt, daß einige Katzen als Bestandteil der belebten Umwelt im Garten geduldet werden müssen. Es hat daher keinen Sinn, etwa Ordnungshüter einzuschalten. Auch der energische Hinweis an Katzenbesitzer in der Nachbarschaft, sie sollten ihre Lieblinge gefälligst einsperren, wird wenig fruchten. Daher greifen entnervte Gartenbesitzer immer wieder zur Eigenhilfe. Mein Anliegen ist es, diese Selbsthilfe so zu steuern, daß Tierquälereien ausgeschlossen sind.

Niemand möge auch nur daran denken, etwa verbotenerweise mit einem Luftgewehr auf Katzenjagd zu gehen. Auch Steinwürfe können schwerste Verletzungen hervorrufen. Gift oder Fallen scheiden für vernünftige Menschen von vornherein aus. Das alles würden die Katzenbesitzer in der Nachbarschaft früher oder später mit Sicherheit bemerken. Wenn dann eine Katze überhaupt nicht oder verletzt nach Hause kommt, werden sofort Verdächtigungen angestellt. Entsprechende Prozesse sind mir bekannt; gegen Streit mit der Nachbarschaft ist eine Katzenplage das geringere Übel.

Es gibt aber eine Reihe von Möglichkeiten, um den Katzen fremde Grundstücke etwas zu verleiden oder das Gelände sogar katzendicht zu machen.

Hund anschaffen

Dabei denke ich an keinen gefährlichen »Katzenreißer«. Ein kleiner, aufmerksamer Hund duldet meist keine Katzen auf seinem Territorium. Natürlich müssen zwei Voraussetzungen stimmen. Das Tier darf nicht zu lange sich selber überlassen bleiben. Der Hund benötigt eine intensive Ansprache durch den Menschen, sonst wird er zum frustrierten Beller. Dann darf er in einem gepflegten Garten nicht die Verwüstungen (Buddelei!) anrichten, die man gerade vermeiden will. Wenn das aber sichergestellt ist, kann der Hund die unerwünschten Katzen auf natürliche Weise vertreiben – eine zugegebenermaßen merkwürdige Anregung in einem Katzenbuch!

Der eigene Garten als Katzenrevier. Nicht jeder Besitzer freut sich über die samtpfotigen Gäste; beim Vertreiben dürfen aber keine Tierquälereien vorkommen!

Repellentien

Darunter versteht man Körner, Pulver, Sprays oder auch Schnüre, die einen Geruchsstoff enthalten. Er soll Katzen vertreiben. Derartige Mittel sind in einigen Zoogeschäften oder bei manchen Versandhäusern erhältlich.
Die Wirkung ist zufriedenstellend, wenn den Katzen einzelne Stellen verleidet werden sollen. Also etwa ein Platz an der Hauswand, ein spezielles Beet, ein einzelner Baum oder auch eine Lieblings-Kratzecke in der Wohnung. Nach einiger Zeit verfliegt der Geruch aber wieder, und vielfach suchen sich die Katzen beleidigt einen anderen Platz aus. Um ein ganzes Grundstück katzenfrei zu machen, sind diese Repellentien auf keinen Fall geeignet, wie großzügig man sie auch verstreut oder versprüht.

»Katzenjagd«

Spätestens jetzt werden Sie dieses Buch empört auf die Seite schleudern wollen! Die Aufregung ist aber unberechtigt, denn ich will den Katzen keineswegs schaden – im Gegenteil. Sie sollen nur Möglichkeiten kennen, um unerwünschte Katzen tierschutzgerecht von Ihrem Eigentum zu vertreiben.
Man hat schon empfohlen, die Tiere mit einem Eimer Wasser zu überschütten. Dieser Vorschlag eignet sich allerdings nur gut zur Verfilmung in einem Lustspiel. In der Realität sind die Katzen für diese Art der Bekämpfung viel zu flink und der eimerschwingende Mensch zu langsam.
Zu empfehlen ist die Anschaffung einer Wasserpistole! Damit kann man unbesorgt schießen, es besteht keine Verletzungsgefahr. Den Katzen sind die paar Spritzer nur lästig, sie verziehen sich aber murrend und beleidigt.
Bei dieser harmlosen Jagd können Sie beobachten, wie schnell auch vertraute und zahme Hauskatzen in fremden Territorien wieder zu Wildtieren werden. Im Nachbarhaus noch ein schnurrendes Schmusetier, im Nebengrundstück ein Jäger mit scharfen Sinnen und wachen Reflexen.

Unruhe schaffen

Katzen möchten bei ihren Versammlungen nicht gestört werden. Sie haben sich den bevorzugten Garten schließlich mit Bedacht ausgesucht. Wer nun nicht stolz und glücklich ist, daß ausgerechnet sein Grundstück ausgewählt wurde, kann als Störenfried auftreten.
Wenn eine Gartenbeleuchtung installiert ist, wirkt gelegentliches Ein- und Ausschalten wahre Wunder – eine Zeitschaltuhr nimmt Ihnen die Arbeit ab. Man kann gemeinerweise auch eine Blinklampe, wie es sie als Autozubehör gibt, auf den Katzenplatz stellen.

Diese Nervenbelastung sprengt jede gemütliche Katzenversammlung!

Grundstück katzendicht machen

Diese Methode soll etwas ausführlicher geschildert werden, weil sie einerseits den Garten vor fremden Katzen schützt, andererseits aber auch die eigene Katze vor gefährlichen Ausflügen bewahrt. Katzendicht – Kenner winken meist ab. Auch höchste Zäune werden doch leicht überklettert, und Stacheldraht ist wegen der Verletzungsgefahr nicht zu verantworten.
Die Lösung ist ein Elektrozaun. Entsprechende Anlagen sind als Einzäunungen für Rinder, Schafe und auch Schweine allgemein bekannt und in ländlichen Gegenden überall zu sehen. Im Landhandel oder in großen Zoogeschäften erhält man entsprechende Vorrichtungen auch für Katzen und andere Kleintiere. Sie benötigen einen Transformator und das leichte Zaunkabel mit Isolatoren.
Die Montage ist einfach und erfordert kein besonderes Geschick. In geringer Höhe über dem vorhandenen Zaun – eine Hecke ist ungeeignet – wird das Kabel mit den Isolatoren angebracht.
Beim ersten Kontakt mit dem geladenen Kabel bekommt die Katze einen ungefährlichen, aber spürbaren elektrischen Schlag. Es handelt sich dabei um keine Tierquälerei. Danach wird die Katze den Zaun meiden, denn die klugen Tiere lernen schnell aus der unangenehmen Erfahrung. Aber ich wiederhole noch einmal: Das Tier bekommt nicht etwa einen »Elektroschock«, sondern einen durchaus vertretbaren, hochvoltigen Schlag. Bei Zweifeln fassen Sie doch einmal selber das Kabel an – autsch, da erschrickt man, es läßt sich aber aushalten!?

Nützliche Adressen für Katzenfreunde

Tierschutzfragen

Deutscher Tierschutzbund e. V.
Baumschulallee 15
5300 Bonn 1
Tel: 02 28-63 10 05/7
Fax: 02 28-63 12 64

Bundesverband Tierschutz
Dr. Boschheidgen-Str. 20
4130 Moers 1
Tel: 0 28 41-2 52 44/6
Fax: 0 28 41-2 62 36

Katzenschutz und Katzenbetreuung

Verein Deutscher Katzenfreunde e. V.
Silberberg 11
2000 Hamburg 74
Tel: 0 40-45 48 42

Katzenschutz-Bund
Cat-Sitter-Club
Grafenberger Allee 147
4000 Düsseldorf 1
Tel: 02 11-66 32 06

Bund gegen Mißbrauch der Tiere e. V.
Viktor-Scheffel-Straße 15
8000 München 40
Tel: 0 89-39 71 59

Rassenfragen

Erster Deutscher
Edelkatzenzüchter-Verband e. V.
(1. DEKZV e. V.)
Humboldtstraße 9
6200 Wiesbaden
Tel: 06 11-30 00 16
Fax: 06 11-30 94 03

Einziges deutsches Mitglied der
Fédération Internationale Féline (FIFe)

Register